池田大作先生・香峯子夫人

世界池田華陽会大会(2013年9月5日、創価国際友好会館)

世界一の生命哲学を学ぶ

―池田華陽会　御書30編　要文100選―

第2版

創価学会女性部編

池田華陽会永遠の五指針

一、朗《ほが》らかな幸福の太陽たれ

一、世界一の生命哲学を学《まな》ぶ

一、何があっても負《ま》けない青春《せいしゅん》

一、正義と友情《ゆうじょう》の華《はな》の対話《たいわ》を

一、永遠《えいえん》に師弟《してい》勝利の門《もん》を開く

池田華陽会御書30編 読了表

1 立正安国論

24 25 26 27 28 29 30 31 32
33 34 35 36 37 38 39 40 41
42 43 44 45

2 開目抄

50 51 52 53 54 55 56 57 58
59 60 61 62 63 64 65 66 67
68 69 70 71 72 73 74 75 76
77 78 79 80 81 82 83 84 85
86 87 88 89 90 91 92 93 94
95 96 97 98 99 100 101 102 103
104 105 106 107 108 109 110 111 112
113 114 115 116 117 118 119 120 121

3 観心本尊抄

122 123 124 125 126 127 128 129 130
131 132 133 134 135 136 137 138 139
140 141 142 143 144 145 146 147

4 撰時抄

160 161 162 163 164 165 166 167 168
169 170 171 172 173 174 175 176 177
178 179 180 181 182 183 184 185 186
187 188 189 190 191 192 193 194 195
196 197 198 199 200 201 202 203 204
205 206 207 208 209 210 211

5 報恩抄

212 213 214 215 216 217 218 219
220 221 222 223 224 225 226 227
228 229 230 231 232 233 234 235
236 237 238 239 240 241 242 243
244 245 246 247 248 249 250 251
252 253 254 255 256 257 258 259
260 261 262

6 一生成仏抄

316 317 318

7 如説修行抄

599 600 601 602 603 604 605

8 顕仏未来記

606 607 608 609 610 611 612

9 種々御振舞御書

1225 1226 1227 1228 1229 1230 1231 1232
1233 1234 1235 1236 1237 1238 1239 1240
1241 1242 1243 1244 1245 1246 1247

10 佐渡御書

1284 1285 1286 1287 1288 1289 1290 1291

11 可延定業書

1307 1308 1309

※◯の数字は『日蓮大聖人御書全集　新版』のページ数

要文100選 テーマ別索引

数字は、本書の御文の番号です。

	1 立正安国論	2 開目抄	3 観心本尊抄	4 撰時抄	5 報恩抄	6 一生成仏抄	7 如説修行抄	8 顕仏未来記	9 種々御振舞御書	10 佐渡御書	11 可延定業書	12 転重軽受法門
広宣流布・平和	4,5			19	22		29	31				
師弟・後継		13		19,20	21,23		28,30	32	34	41		
誓願・不退転		7,11,12,13		20			28					
御本尊			17									
信心・祈り						24,25,27						
勇気				18					34	38		
折伏・対話	1,3,6											
難・宿命転換										40		44,45
団結・善知識	3								36			
女性		9										
功徳			15,16,17		22	25				40	43	44,45
仏道修行						25,27			35	37		
生き方・振る舞い					21,23					37		
大慈悲の境涯	2	7,8,11,12		18	22			33		41		
生老病死											42,43	
悪との戦い	1								35,36	38,39		
希望の法門	2	9,10	14,15,16			26					42	

30 日女御前御返事（御本尊相貌抄）	29 異体同心事	28 減劫御書	27 法華証明抄	26 上野殿御返事（竜門御書）	25 上野殿後家尼御返事	24 諸法実相抄	23 生死一大事血脈抄	22 千日尼御前御返事（雷門鼓御書）	21 阿仏房御書（宝塔御書）	20 妙一尼御前御消息（冬は必ず春となるの事）	19 乙御前御消息	18 経王殿御返事	17 四条金吾殿御返事（法華経兵法の事）	16 聖人御難事	15 崇峻天皇御書（三種財宝御書）	14 兄弟抄	13 曽谷殿御返事（成仏用心抄）
	97	95				85	79										
				91		83	81	77					61	58		49,52,54	
				91		85											
98,99									73,74			63,64,66					
99,100					90	84	78,82			72	70	64,65,66,67	60,61,62	59		50	
								76			68,70,71	63,65	62	58		53	
						87											4
			92,93							72		64,67				50,53	
	96,97						79										
						84		76	73	72	69						
			92		89			75		72	69	67					
100					90	87			74		71			59	55,56,57		
		94											60		55,56,57	51,52	
98		95	93			86	80					63					4
			93	91	88							64					
	97																4
		94,95	92		88,89		78	77	73	72							4

※索引の項目や分類は、あくまでも研鑽の参考用として設けたものです。

目　次

目　次

目次

目　次

目　次

目　次

目次

目　次

目　次

一、本書は、『世界一の生命哲学を学ぶ――池田華陽会 御書30編 要文100選』をもとに再編集し、収録の順番も『日蓮大聖人御書全集 新版』（創価学会版）にあわせ、第2版としました。

一、御書の引用は、御書新版に基づき、ページ数は（新〇〇ジペー）と示しました。『日蓮大聖人御書全集』（創価学会版、第二七八刷）のページ数は（全〇〇ジペー）と示しました。

一、編者による注は、（　）と記しました。

一、「勝利の経典『御書』に学ぶ」のうち単行本になっていないものは「大白蓮華」掲載年月を記しました。スピーチ、メッセージ、随筆は、収録書籍または「聖教新聞」掲載年月日を記しました。

一、肩書、名称、時節等については、掲載時のままにしました。

立《りっ》正《しょう》安《あん》国《こく》論《ろん》

（新二四ページ～四五ページ）
（全一七ページ～三五ページ）

"On Establishing the Correct Teaching for the Peace of the Land"

立正安国《りっしょうあんこく》は、日蓮《にちれん》仏法の根幹《こんかん》です。「大聖人《だいしょうにん》の御一代《ごいちだい》の弘法《ぐほう》は、
立正安国論に始まり、立正安国論に終わる」とも言われます。
この立正安国の実践《じっせん》を忘《わす》れたら、
日蓮仏法は存在《そんざい》しないといっても
過言《かごん》ではありません。

（『御書と青年』）

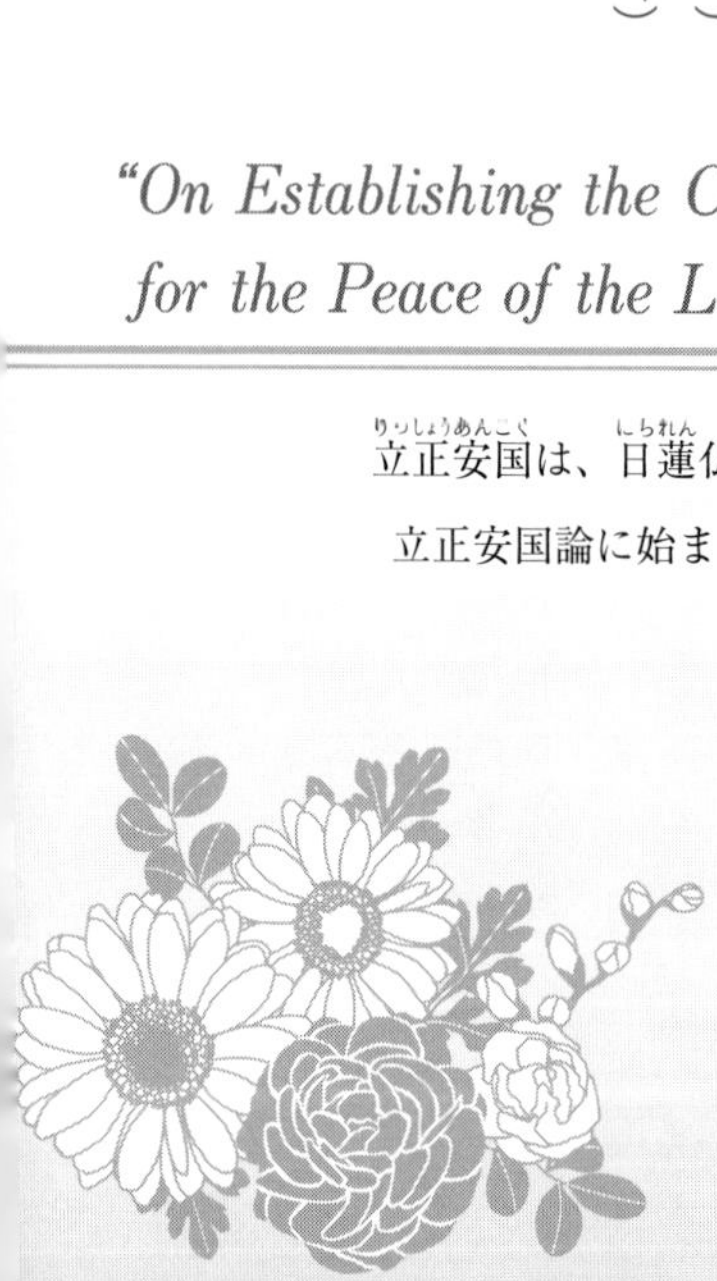

本抄について

「立正安国論《りっしょうあんこくろん》」は、日蓮《にちれん》大聖人が文応元年《ぶんおうがんねん》（一二六〇年）七月十六日、三十九歳の時、鎌倉幕府《かまくらばくふ》の最高権力者である北条時頼《ほうじょうときより》に提出された「国主諫暁《こくしゅかんぎょう》の書」です。

「立正安国《りっしょうあんこく》」とは、「正《しょう》を立て、国を安《やす》んず」と読み、人々の心の中に正法《しょうほう》を確立し（立正）、社会の繁栄《はんえい》と世界の平和を築く（安国）との意です。

本書は、客（北条時頼《ほうじょうときより》を想定）と主人（大聖人《だいしょうにん》を想定）との十問九答の問答形式で構成されています。その中で、当時、相次《あいつ》いでいた大地震などの未曽有《みぞう》の災難《さいなん》の根本《こんぽん》原因が、正法《しょうほう》に背《そむ》く「謗法《ほうぼう》」にあると指摘されています。

そして、正法《しょうほう》に帰依《きえ》しなければ、薬師経《やくしきょう》の七難のうち、まだ起こっていない自界叛逆難《じかいほんぎゃくなん》（内乱）と他国侵逼難《たこくしんぴつなん》（他国からの侵略）の二難が起こると予言されます。

苦悩の民衆を救うため、国土の平和・安穏《あんのん》を築くために、謗法《ほうぼう》への布施《ふせ》を止《と》め、実乗《じつじょう》の一善《いちぜん》（妙法《みょうほう》）に帰依《きえ》するよう呼びかけられた書です。

しかず、彼《か》の万祈《ばんき》を修《しゅ》せんよりは、この一凶《いっきょう》を禁《きん》ぜんには。

（新三三ジペー・全二四ジペー）

（災難《さいなん》を根絶《こんぜつ》するには）あのような万の祈りを実践するよりも、念仏《ねんぶつ》の一凶《いっきょう》を禁《きん》ずることこそ、最も大切なのである。

日蓮大聖人《にちれんだいしょうにん》の仏法の主人公は民衆です。民衆の幸福のための「立正安国論《りっしょうあんこくろん》」です。

当時の日本は、天変地異《てんぺんちい》、飢饉《ききん》・疫病《えきびょう》等が続き、民衆は苦しみにあえいでいました。大聖人《だいしょうにん》は本書で、この災難《さいなん》の元凶《げんきょう》が、人々が正法《しょうほう》に背《そむ》き悪法《あくほう》を信じていることにあると示されます。

この時代は、日本中に法然《ほうねん》の念仏《ねんぶつ》が広まっていました。現世《げんせ》を嘆《なげ》き、西方極楽浄土《さいほうごくらくじょうど》への往生《おうじょう》のみを求め、人々に法華経《ほけきょう》をも捨てさせる念仏の教えは、諦《あきら》めの心を蔓延《まんえん》させ、生命力を衰弱《すいじゃく》させていたのです。この悲惨《ひさん》な状況を打開するためには、何よりも真っ先に、法然の邪義《じゃぎ》を禁《きん》じなければならない——大聖人《だいしょうにん》は、災難《さいなん》の根本《こんぽん》原因を明らかにし、徹底的に破折《はしゃく》されています。

万人成仏《ばんにんじょうぶつ》を説《と》き明かした法華経《ほけきょう》を捨てさせ、人々の精神を根本《こんぽん》から乱《みだ》れさせる「一凶《いっきょう》」と戦わずして「立正安国《りっしょうあんこく》」はありません。

法然《ほうねん》の念仏《ねんぶつ》が、「一凶《いっきょう》」であるのは、すべての生命に本来具《そな》わる仏性《ぶっしょう》に目を閉ざし、自身の無限の可能性をも否定する「元品《がんぽん》の無明《むみょう》」の現《あらわ》れであるからといえます。私たちの日常で言えば、この「一凶」は、「どうせ」という諦《あきら》め、「自分なんて」という自己卑下《ひげ》、「自分さえ」というエゴなど、さまざまな形で現れます。

ゆえに、いつの時代にあっても、一人一人の生命に内在《ないざい》する「一凶《いっきょう》」に対峙《たいじ》し、すべての人を、無限の可能性に目覚めさせる中に、「立正安国《りっしょうあんこく》」の実現があります。

友に勇気と希望を送る対話運動こそ、大聖人《だいしょうにん》に連《つら》なる広宣流布《こうせんるふ》の誉《ほま》れの闘争《とうそう》なのです。

池田大作先生の指導から

「元品《がんぽん》の無明《むみょう》」とは、生命にそなわる根源的《こんげんてき》な無知《むち》であり、ここから人間の尊厳《そんげん》に対する不信《ふしん》や、他者《たしゃ》の生命への蔑視《べっし》が生まれます。真《しん》の平和建設を阻《はば》む現代の「一凶《いっきょう》」とは、この「元品の無明」にほかならない。

「元品《がんぽん》の無明《むみょう》を対治《たいじ》する利剣《りけん》は信の一字なり」（全七五一ページ・新一〇四七ページ）と仰《おお》せのごとく、この「一凶《いっきょう》」を打《う》ち破《やぶ》る力《ちから》こそ、「万人《ばんにん》の尊厳《そんげん》」を説《と》き明《あ》かした妙法《みょうほう》の大哲学《だいてつがく》です。この理念《りねん》を広げ、時代精神《せいしん》へと高めていくことこそ、恒久《こうきゅう》平和を実現《じつげん》する道なのです。（『御書と青年』）

蒼蝿《そうよう》、驥尾《きび》に附《ふ》して万里《ばんり》を渡《わた》り、碧蘿《へきら》、松頭《しょうとう》に懸《か》かって千尋《せんじん》を延《の》ぶ。弟子《でし》、一仏《いちぶつ》の子と生《う》まれて、諸経《しょきょう》の王《おう》に事《つか》う。何《なん》ぞ仏法《ぶっぽう》の衰微《すいび》を見て心情《しんじょう》の哀惜《あいせき》を起《お》こさざらんや。

（新三六ジペー・全二六ジペー）

青バエも、駿馬《しゅんめ》の尾に付いていれば万里《ばんり》を渡り、緑色のつたかずらも、松の木の先にかかっていれば、千尋《せんじん》の高さにまで伸びることができる。仏弟子《ぶつでし》である私は、唯一の仏である釈尊《しゃくそん》の子として生まれ、諸経《しょきょう》の王である法華経《ほけきょう》に仕《つか》えてきた。どうして、仏法が衰微《すいび》するのを見て、哀惜《あいせき》の心情《しんじょう》を起こさないでいられるだろうか。

主人と客との対話形式で認《したた》められている本書では、主人は、災害や飢饉《ききん》・疫病《えきびょう》といった災《わざわ》いをなくすためには、謗法《ほうぼう》の教えを捨てて正法《しょうほう》を信じるしかないと理路整然《りろせいぜん》と示します。

それに対し、客は、「あなたのような卑《いや》しい身分で、どうしてそのようなことが言えるのか」と反論します。この世間的な価値判断を一蹴《いっしゅう》し、真《しん》の仏法者の生き方を示されたのが、この一節《いっせつ》です。

小さな青バエも、駿馬《しゅんめ》の尾につかまって万里《ばんり》を行くことができ、つたかずらは大きな松の木にかかって千尋《せんじん》に伸びることができる。この譬《たと》えを通し、主人は「自分は取るに足らない人間であっても、かたじけなくも大乗仏教《だいじょう》を学んでいるのだ」と、法華経《ほけきょう》を持《たも》つ誇りを宣言します。そして、〝正法《しょうほう》が衰《おとろ》えるのを見て、立ち上がらずにはいられない〟との真情《しんじょう》を語り、その胸中《きょうちゅう》に具《そな》わる万民救済《ばんみんきゅうさい》という仏《ほとけ》の慈悲《じひ》の境涯《きょうがい》を堂々《どうどう》と示すのです。

人間の価値を決めるのは、身分や地位ではありません。持《たも》つ哲学の深さと、その哲理に基《もと》づく行動の中にこそ、真《しん》の偉大さが輝《かがや》きます。私たちに即《そく》して言えば、「一切衆生《いっさいしゅじょう》の幸福」を実現する日蓮大聖人《にちれんだいしょうにん》の仏法と、広宣流布《こうせんるふ》に生きる師に連《つら》なり、学会と共に前進することが、自分自身を最も輝かせるのです。

さあ、今日も師と共に！　目の前の友へ全力で励ましを送り、幸福勝利の大道《だいどう》を開いていきましょう。

池田大作先生の指導から

一匹《ぴき》のハエでも、名馬《めいば》の尾《お》についていれば、万里《ばんり》を走《はし》ることができる。同じように、広宣流布《こうせんるふ》の大師匠《だいししょう》につききっていけば、自分では想像《そうぞう》もしなかったような、すばらしい境涯《きょうがい》になれる。（『新・人間革命 25』「薫風」の章）

悦《よろこ》ばしいかな、汝《なんじ》、蘭室《らんしつ》の友《とも》に交《まじ》わって麻畝《まほ》の性《しょう》と成《な》る。

（新四三二㌻・全三一㌻）

悦《よろこ》ばしいことに、あなたは蘭《らん》室《しつ》の友に交《まじ》わって感化《かんか》を受け、蓬《よもぎ》のように曲がっていた性分《しょうぶん》が、蓬が麻畑《あさばたけ》の中で正《ただ》されたように、真っすぐな性分になることができた。

本書は、「主人」と「客」との対話形式で展開されています。世の中の災難《さいなん》を嘆《なげ》く客に対し、主人は、その根本《こんぽん》原因が正法《しょうほう》に背《そむ》く「謗法《ほうぼう》」であると指摘します。誤《あやま》った教えへの執着《しゅうちゃく》から、はじめは主人の言葉に憤《いきどお》っていた客も、経文《きょうもん》を通して堂々《どうどう》と正義を訴《うった》える主人の姿に触れて徐々《じょじょ》に心が変わりはじめます。

そして、ついに邪義《じゃぎ》への執着《しゅうちゃく》を断《た》ち切り、正法《しょうほう》を求めるにいたります。

この一節《いっせつ》は、客の心の変化を喜んだ主人の言葉です。

香り高い蘭《らん》（フジバカマ、香料）の側《そば》にいれば、その香りが自然と移り染《し》みてくる。また、通常であれば曲がって育つ蓬《よもぎ》が、麻畑《あさばたけ》に生《は》えれば周りの麻に習《なら》って真っすぐに伸びることができる。

同じように、人間も人格の優《すぐ》れた友と交《まじ》わり、共に前進していくことで、心を正しい方向へと変革し、成長することができます。

中でも最も大切なのが、仏法という幸福の軌道《きどう》へと導《みちび》いてくれる「善知識《ぜんちしき》」の存在です。

私たち池田華陽会には、自《みずか》らが友の善知識《ぜんちしき》となって励ましを送る大きな使命があります。互いに切磋琢磨《せっさたくま》しながら、皆が広布《こうふ》の大人材へと成長していきましょう。

池田大作先生の指導から

創価という究極《きゅうきょく》の「善知識《ぜんちしき》の安全地帯《ちたい》」に縁《えん》することは、やがて絶対的《ぜったいてき》幸福の生命の軌道《きどう》へ通《つう》じていくのです。

どうか、大確信に燃《も》えて、世界の華陽姉妹と共に太陽のスクラムを、この地球上に結《むす》び、未来までも明々《あかあか》と照らしていってください。

(「聖教新聞」二〇一三年九月十日付「世界池田華陽会大会へのメッセージ」)

汝《なんじ》、すべからく一身《いっしん》の安堵《あんど》を思《おも》わば、まず四表《しひょう》の静謐《せいひつ》を禱《いの》るべきものか。

（新四四ジペー・全三一ジペー）

あなたは、自分自身の安泰《あんたい》を願うならば、まず世の中の平《へい》穏《おん》を祈ることが必要ではないのか。

人々の心に正法《しょうほう》を打ち立て、すべての民衆の幸福と社会の繁栄《はんえい》を築く――「立正安国《りっしょうあんこく》」こそ、日蓮大聖人《にちれんだいしょうにん》の御生涯を貫《つらぬ》く誓願《せいがん》です。

ここでいう「一身《いっしん》の安堵《あんど》」とは、自身の幸福を指します。「四表《しひょう》の静謐《せいひつ》」とは、東西南北の四方の安穏《あんのん》、すなわち、社会全体の平和です。

当時、流行していた念仏《ねんぶつ》をはじめとする諸宗《しょしゅう》は、人間の生きる力《ちから》を衰弱《すいじゃく》させ、人々は災害や疫《えき》病《びょう》などの惨状《さんじょう》を前に、自《みずか》らの救いのみを求めていました。

しかし、不幸に覆《おお》われた社会で、「自分一人だけの幸福」を実現することはできません。社会の平穏《へいおん》と繁栄《はんえい》があってこそ、はじめて各人の幸福な生活が実現できるのです。大聖人《だいしょうにん》は、社会に背を向ける生き方を厳しく戒《いまし》められ、社会の平和に尽くすことが仏法の目的であり、そこにこそ、真実の幸福があると教えられています。

仏《ほとけ》が説《と》く真《しん》の〝自己の救済《きゅうさい》〟とは、自分自身の内面に崩《くず》れざる幸福境涯《きょうがい》を確立することです。積極的に周囲の人々や社会とかかわる中で、自身の境涯は大きく開かれ、真の生命変革が可能となります。ゆえに「一身《いっしん》の安堵《あんど》」を正しく追い求めるためには、まず「四表《しひょう》の静謐《せいひつ》」を祈り、行動することが不可欠なのです。

立正安国《りっしょうあんこく》の精神を胸に、勇気の対話で、自他共《じたとも》の心に、揺《ゆ》るがぬ幸福の哲学を打ち立てていきましょう。

池田大作先生の指導から

国土の繁栄《はんえい》と平和を願《ねが》うならば、人間の心に「正義《せいぎ》の柱《はしら》」を立てねばならない。一切《いっさい》は人間生命の変革《へんかく》から始まるのです。そして社会の中に、磐石《ばんじゃく》なる「民衆《みんしゅう》の平和勢力《せいりょく》」を築《きず》き上《あ》げていくことです。（『御書と青年』）

汝《なんじ》、早《はや》く信仰《しんこう》の寸心《すんしん》を改《あらた》めて、速《すみ》やかに実乗《じつじょう》の一善《いちぜん》に帰《き》せよ。しからば則《すなわ》ち、三界《さんがい》は皆仏国《みなぶっこく》なり。仏国それ衰《おとろ》えんや。十方《じっぽう》はことごとく宝土《ほうど》なり。宝土何《なん》ぞ壊《やぶ》れんや。国に衰微《すいび》無《な》く土《ど》に破壊《はえ》無《な》くんば、身《み》はこれ安全、心はこれ禅定《ぜんじょう》ならん。

（新四五ジペー・全三二ジペー）

あなたは、「（誤《あやま》った）信仰への心」を早く改《あらた》めて、「真実の成仏《じょうぶつ》の教えである唯一の善い法」に速《すみ》やかに帰依《きえ》しなさい。そうすれば、三界《さんがい》は皆、仏国《ぶっこく》である。仏国が、どうして衰《おとろ》えることがあろうか。十方《じっぽう》は、ことごとく宝土《ほうど》である。宝土が、どうして壊れることがあろうか。こうして国が衰えることなく、土が壊れることがなければ、身は安全であり、心は動揺せず安定するだろう。

一人の人間革命から現実世界の一切《いっさい》の変革がはじまります。日蓮大聖人《にちれんだいしょうにん》の御在世《ございせ》当時、飢饉《ききん》や疫病《えきびょう》が相次《あいつ》ぐ状況の中、人々の間には現実を離れた他の場所に幸福を求める生き方が広がっていました。

しかし、今いる場所を離れて、真《しん》の幸福も安穏《あんのん》もありません。

一人一人の心に、現実変革の哲学を打ち立てる以外に根本的《こんぽんてき》な解決の道はないのです。ゆえに「あなた自身が信仰の志《こころざし》を改《あらた》めよ」と述《の》べられています。

法華経《ほけきょう》は、誰人《たれびと》も自身の生命の中に、仏界《ぶっかい》があると説《と》きます。法華経を信じることは、自分自身が妙法《みょうほう》の当体《とうたい》として、仏《ほとけ》の生命を開き顕《あらわ》すことにほかなりません。

つまり、自分自身が現実変革の主体者であり、今いる場所が、幸福の舞台となるのです。

人々が妙法《みょうほう》によって自身に内在《ないざい》する仏《ほとけ》の生命に目覚めた時、現実世界（三界《さんがい》）は仏国《ぶっこく》として輝《かがや》きます。国土・社会の安穏《あんのん》と平和が実現することによって、一人一人が、幸福で、よりよい人生を生きることができます。

私たち自身の祈りと行動が、友の心に変革の波を起こし、幸福のスクラムを広げていくのです。

池田大作先生の指導から

一人の人間における偉大《いだい》な人間革命は、やがて一国《いっこく》の宿命《しゅくめい》の転換《てんかん》をも成《な》し遂《と》げ、さらに全人類《ぜんじんるい》の宿命の転換をも可能《かのう》にする。（『人間革命　1』「はじめに」）

ただ我《わ》が信《しん》ずるのみにあらず、また他《た》の誤《あやま》りをも誡《いまし》めんのみ。

（新四五ジペー・全三三ジペー）

ただ自分一人が信じるだけでなく、また、他の人々の誤《あやま》りをも制止していこう。

当時の災難《さいなん》に対する憂《うれ》いから始まった客と主人の対話は、客の誓いの言葉で結ばれています。

多くの経典《きょうてん》を示しながら、法の正邪《せいじゃ》を説《と》く主人に対し、途中、客は憤《いきどお》り、席を立とうとします。

しかし、主人は、動じることなく笑《え》みをたたえ、一つ一つ、客の疑念《ぎねん》を晴らしていきました。

主人との対話により、心から納得《なっとく》した客は、自《みずか》らの無知を認《みと》め、邪法《じゃほう》を捨てて正法《しょうほう》に帰依《きえ》する決意をします。そして、〝自分自身が信じるだけではなく、さらに、周りの人々にも正しい教えを弘《ひろ》めていく〟との誓いに立ち上がるのです。

心からの「納得《なっとく》」は、行動につながります。そして、一人の友が立ち上がれば、歓喜《かんき》の波動《はどう》が広がります。ゆえに、大切なのは、相手の仏性《ぶっしょう》を信じ抜く心です。今は相手が反発したとしても、必ず仏性を開くことができる――この深い確信に立っての粘《ねば》り強い対話が、相手の心を変化させるのです。

この「立正安国《りっしょうあんこく》」の精神は、創価の師弟に受け継《つ》がれ、生命尊厳《そんげん》の思想を尊重《そんちょう》し平和を築きあげる「善《ぜん》の連帯」は、いまや世界中に広がっています。

師匠に続いて、友人の仏性《ぶっしょう》を信じ抜く対話に挑戦していきましょう。

池田大作先生の指導から

「立正安国《りっしょうあんこく》」即《そく》「世界平和」のために、我《われ》らは前進する。どこまでも「対話《たいわ》」という平和的手段で、人間と人間を結《むす》ぶのだ。（中略）

今、日本中、世界中で、わが創価の同志《どうし》が展開《てんかい》している快活《かいかつ》な「立正安国《りっしょうあんこく》」の対話《たいわ》から、限《かぎ》りない希望《きぼう》が生まれ、広がっている。

さあ、生き生きと、勇気《ゆうき》の対話《たいわ》に打《う》って出よう。

友のために！　世界のために！　未来《みらい》のために！

（『随筆　我らの勝利の大道』）

開《かい》目《もく》抄《しょう》

（新五〇ページ〜一二一ページ）
（全一八六ページ〜二三七ページ）

“The Opening of the Eyes”

「開目《かいもく》」とは、文字通り「目を開く」ことです。また、
「目を開け」という大聖人《だいしょうにん》の呼びかけと拝《はい》することもできる。
閉ざされた心の目を、どう開いていくのか。
無明《むみょう》の闇《やみ》を、いかなる光明《こうみょう》で照らしていくのか。
その解決の道を開かれたのが、末法《まっぽう》の
御本仏日蓮《ごほんぶつにちれん》大聖人であられます。

（「開目抄」講義、『池田大作全集 34』収録）

本抄について

「開目抄《かいもくしょう》」は、流罪地《るざいち》・佐渡《さど》の塚原《つかはら》で著《あらわ》され、文永《ぶんえい》九年（一二七二年）二月、四条金吾《しじょうきんご》を通して門下一同《もんかいちどう》に与えられた御書です。

本抄《ほんしょう》は、日蓮大聖人《にちれんだいしょうにん》が主師親《しゅししん》の三徳《さんとく》を具《そな》えた存在であり、すなわち末法《まっぽう》の御本仏《ごほんぶつ》であることを明かされた重書《じゅうしょ》です。

当時、大聖人《だいしょうにん》の一門《いちもん》への迫害《はくがい》は激しさを増していました。世間の人々や、動揺した門下《もんか》たちからは、〝大聖人が法華経《ほけきょう》の行者《ぎょうじゃ》であるならば、なぜ諸天善神《しょてんぜんじん》の加護《かご》がないのか〟との批判の声があがり、退転者《たいてんしゃ》も続出しました。これに対し、大聖人は、経文《きょうもん》通りに実践すれば難《なん》は必然であり、その難に遭《あ》われた大聖人こそが「末法《まっぽう》の法華経の行者」であることを示されています。

法華経《ほけきょう》は一句一偈《いっくいちげ》も末代《まつだい》に持《たも》ちがたしと《説》かるるは、これなるべし。今度強盛《ごうじょう》の菩提心《ぼだいしん》をお《発》こして退転《たいてん》せじと願《がん》じぬ。

(新七〇〇ジ《ペー》・全二〇〇ジ《ペー》)

「たとえ一句一偈《いっくいちげ》であっても末法《まっぽう》において法華経《ほけきょう》を持《たも》つことは難しい」と説《と》かれているのは、これに違いない。私は、今度こそ、強い求道心《きゅうどうしん》を起こして、断《だん》じて退転《たいてん》するまい、と誓《せい》願《がん》したのである。

日蓮大聖人《にちれんだいしょうにん》御自身の、立宗《りっしゅう》宣言にいたるまでの壮絶《そうぜつ》な精神闘争《とうそう》と不退転《ふたいてん》の誓願《せいがん》が明かされています。

正法《しょうほう》が見失われ、人々の心が貪《むさぼ》り・瞋《いか》り・癡《おろ》かの三毒《さんどく》に支配されている濁世《じょくせ》にあって、万人成《ばんにんじょう》仏《ぶつ》の法である「南無妙法蓮華経」を説《と》き弘《ひろ》めれば、三障四魔《さんしょうしま》が競《きそ》い起こることは、経文《きょうもん》に照らして必然です。

それを覚悟で末法流布《まっぽうるふ》に立ち上がる――大聖人《だいしょうにん》は、この魂《たましい》の闘争《とうそう》の中、胸に浮かんだのが法華《ほけ》経宝塔品《きょうほうとうほん》の「六難九易《ろくなんくい》」であったと述《の》べられています。

「六難九易《ろくなんくい》」とは、釈尊滅後《しゃくそんめつご》に法華経《ほけきょう》を受持《じゅじ》し、弘《ひろ》めゆくことが、いかに困難であるかを明かした経文《きょうもん》です。釈尊は、〝それでも広宣流布《こうせんるふ》のために戦い抜く〟との誓いを立てよと、菩薩《ぼさつ》たちに勧《すす》めているのです。

大聖人《だいしょうにん》は、この経文《きょうもん》に込められた仏《ほとけ》の願い、つまり、末法広宣流布《まっぽうこうせんるふ》の大願《だいがん》を胸に、強い求道《きゅうどう》の心で、不退《ふたい》の誓いを立てたと仰《おお》せです。そして、誓いのままに命に及《およ》ぶ大難《だいなん》をすべて勝ち越えられました。いかなる大難が起ころうとも、広宣流布を断《だん》じて成《な》し遂《と》げるとの「誓願《せいがん》」があれば、生命の奥底《おうてい》から仏界《ぶっかい》の生命を引き出すことができます。誓願の人生こそが最も幸福なのです。

池田大作先生の指導から

どんなことがあっても、一生涯《いっしょうがい》、学会と共に「不退転《ふたいてん》」の信心を貫《つらぬ》き通《とお》す――これが、創価の師弟の誓《ちか》いなのであります。不思議《ふしぎ》な宿縁《しゅくえん》をもって、今この時に、それぞれの使命の天地《てんち》に躍《おど》り出た地涌《じゆ》の菩薩《ぼさつ》の皆さんです。使命が大きい分《ぶん》、それだけ苦労もまた大きいに違《ちが》いない。しかし、だからこそ、何ものにも替《か》え難《がた》い生命の充実《じゅうじつ》がある。永遠《えいえん》に消《き》えることのない福運《ふくうん》があるのです。何があっても、「私は負けない」と心を定《さだ》めて、強く朗《ほが》らかに、歓喜《かんき》の中の大歓喜の青春を走り抜《ぬ》いていってください。（「聖教新聞」二〇一三年九月十日付「世界池田華陽会大会へのメッセージ」）

日蓮《にちれん》が法華経《ほけきょう》の智解《ちげ》は天台《てんだい》・伝教《でんぎょう》には千万《せんまん》が一《いち》分《ぶん》も及《およ》ぶことなけれども、難《なん》を忍《しの》び慈悲《じひ》のすぐれ《勝》たることはおそれ《畏》をもいだき《抱》ぬべし。

（新七二二ページ・全二〇二ページ）

法華経《ほけきょう》を理解する日蓮《にちれん》の智慧《ちえ》は、天台《てんだい》や伝教《でんぎょう》の千万分の一にも及《およ》ばないが、難《なん》を忍《しの》び慈悲《じひ》がすぐれていることは、実に恐縮《きょうしゅく》するほどである。

日蓮大聖人《にちれんだいしょうにん》は、法華経《ほけきょう》の理解においては天台《てんだい》・伝教《でんぎょう》が勝《まさ》っているとしても、仏法を弘《ひろ》めることによって遭《あ》った大難《だいなん》を耐《た》え忍《しの》んできたこと、そして、苦悩に沈《しず》む民衆を救おうと慈悲《じひ》の実践を続けてきたことにおいては、大聖人に及《およ》ぶ者《もの》は誰もいないと仰《おお》せです。

法華経《ほけきょう》には、「猶多怨嫉《ゆたおんしつ》・況滅度後《きょうめつどご》」と説《と》かれています。これは、「仏《ほとけ》（釈尊《しゃくそん》）の在世《ざいせ》でさえ、怨嫉が多い。仏の滅後《めつご》に、さらに怨嫉が多いのは当然である」との意味です。

大聖人《だいしょうにん》は、この経文《きょうもん》通りに、立宗《りっしゅう》から二十年余の間に、命に及《およ》ぶ四度の大難《だいなん》をはじめ、数え切れない難を受けられました。

法華経《ほけきょう》を弘《ひろ》めれば大難《だいなん》が起こるということを承知の上で、それでも〝全民衆を救う〟との断固たる決意で戦われた大聖人《だいしょうにん》の「忍難《にんなん》」と「慈悲《じひ》」の大闘争《だいとうそう》によって、万人成仏《ばんにんじょうぶつ》の道は開かれたのです。

末法《まっぽう》という苦悩の時代において、現実にどれだけの人を救うのか――この命懸《いのちが》けの闘争《とうそう》に、大《だい》聖人《しょうにん》の御境涯《ごきょうがい》が示されています。

どれだけ仏法に対する知識や理解があっても、法を弘《ひろ》める勇気の実践がなければ、人々を幸福にすることはできません。

私たちは〝何があっても負けない〟との誓いと友の幸福を願う真心を胸に、勇気の対話に挑戦していきましょう。

池田大作先生の指導から

「忍難《にんなん》」と「慈悲《じひ》」は、表裏一体《ひょうりいったい》です。民衆救済《きゅうさい》の慈悲が深いからこそ、難を忍《しの》んで法を弘《ひろ》めていく力《ちから》も勝《すぐ》れているのです。「難を忍び」とは、決して一方的な受け身の姿ではありません。末法《まっぽう》は「悪」が強い時代です。その悪を破《やぶ》り、人々を目覚めさせる使命を自覚した人は、誰であれ、難と戦い続ける覚悟を必要とするからです。（「開目抄」講義、『池田大作全集34』収録）

竜女《りゅうにょ》が成仏《じょうぶつ》、これ一人にはあらず。一切《いっさい》の女人《にょにん》の成仏をあらわす。法華経已前《ほけきょういぜん》の諸《もろもろ》の小乗経《しょうじょうきょう》には女人の成仏をゆるさず。諸の大乗経《だいじょうきょう》には成仏・往《おう》生《じょう》をゆるすようなれども、あるいは改転《かいてん》の成仏にして一念三千《いちねんさんぜん》の成仏にあらざれば、有名無実《うみょうむじつ》の成仏・往生なり。「一を挙《あ》げて諸に例《れい》す」と申《もう》して、竜女が成仏は末代《まつだい》の女人の成仏・往生の道をふみ《踏》あけ《開》たるなるべし。

（新一〇一ページ・全一二二三ページ）

竜女《りゅうにょ》の成仏《じょうぶつ》は、竜女一人だけの成仏ではない。すべての女人《にょにん》の成仏を示している。法華経《ほけきょう》以前の小乗《しょうじょう》の教えでは女人の成仏を許していない。大乗《だいじょう》の諸経《しょきょう》では女人の成仏・往生《おうじょう》を許しているように見えるが、ある場合は男性に生まれてから成仏できるという改転《かいてん》の成仏であって一念《いちねん》三千《さんぜん》の成仏ではないので、有名無実の成仏・往生である。これも「一つを挙《あ》げてすべてに通じる例とする」（『法華文句記《ほっけもんぐき》』）といって、竜女の成仏は末法の女人の成仏・往生の道を、踏《ふ》み開けたものなのである。

この御文《ごもん》では、法華経《ほけきょう》こそが、女性の尊厳《そんげん》を確立し、人間生命の平等を説《と》いた経典《きょうてん》であることを宣言されています。法華経提婆達多品《だいばだったほん》第十二に説かれる、竜王《りゅうおう》の娘である八歳の竜女《りゅうにょ》は、法華経を信じた功徳《くどく》によって、その身のままで成仏《じょうぶつ》を遂《と》げました。

法華経《ほけきょう》以前の爾前経《にぜんきょう》の教えの中では、女性は成仏《じょうぶつ》できないとされ、「改転《かいてん》の成仏」といって、歴劫修行《りゃっこう》（長い間修行を積むこと）の中で、男性に生まれ変わるという過程を経《へ》る必要があると考えられていました。これに対して、竜女《りゅうにょ》の成仏が示したものは、今世《こんぜ》でその身のままで、最高の仏界《ぶっかい》の生命を現《あらわ》すことができる「即身成仏《そくしん》」です。

日蓮大聖人《にちれんだいしょうにん》は、この竜女《りゅうにょ》の成仏《じょうぶつ》の姿を「一を挙《あ》げて諸《もろもろ》に例《れい》す」（一つの例を挙げて、他の多くの代表とする意味）であり、竜女一人を手本として、すべての女性に成仏する道が開かれたと仰《おお》せです。

「一人」の成仏《じょうぶつ》の姿が、全民衆の幸福の道を開くのです。

深き使命に立ち上がり、幸福の連帯をさらに築いていきましょう。

池田大作先生の指導から

竜女《りゅうにょ》には、師匠《ししょう》がすべてを分かってくださっているという深く強い確信《かくしん》があった。

そして「師と共に」不惜身命《ふしゃくしんみょう》で戦い抜《ぬ》くという誓願《せいがん》があった。

「師と共に、広宣流布《こうせんるふ》に尽《つ》くそう！」「師と共に、皆に励《はげ》ましを贈《おく》ろう！」

そのように〝誓う〟心の発露《はつろ》には、立場《たちば》も役職《やくしょく》も関係《かんけい》ない。距離《きょり》も関係ない。（『華陽の誓い』）

心地観経《しんじかんぎょう》に云《い》わく「過去の因《いん》を知らんと欲《ほっ》せば、その現在の果《か》を見よ。未来の果を知らんと欲せば、その現在の因を見よ」等云々《うんぬん》。

（新一一二一ジペー・全二三一ジペー）

心地観経《しんじかんぎょう》には「過去の因《いん》を知りたいと思うならば、現在の果《か》を見よ。未来の果を知りたいと思うならば、現在の因を見よ」とある。

なぜ、法華経《ほけきょう》の行者《ぎょうじゃ》に難《なん》があるのか。

日蓮大聖人《にちれんだいしょうにん》は理由の一つとして、たとえ法華経《ほけきょう》の行者《ぎょうじゃ》であっても、過去世《かこせ》に謗法《ほうぼう》の罪《つみ》があれば、その報《むく》いとして迫害《はくがい》を受けることがあると仰《おお》せです。

そして、心地観経《しんじかんぎょう》の一節《いっせつ》を通して、仏法の因果《いんが》の理法《りほう》を明らかにされます。すなわち、今、自身が直面する結果は、すべて過去にその原因がある。よって、未来の結果を開く鍵《かぎ》も、まさに今この瞬間にある――と。

現在の苦悩の原因を環境や人に求めても、真《しん》の解決にはなりません。宿命転換《しゅくめいてんかん》とは、どこまでも自身の内にその因《いん》を見《み》いだす挑戦であり、苦難《くなん》の一切《いっさい》を乗り越えゆく力《ちから》が自分に具《そな》わっていると信じて前進する中でこそ果《は》たされるのです。

「地獄《じごく》の苦《くる》しみぱっときえて消」（新一三五六ジペー・全一〇〇〇ジペー）との御聖訓《ごせいくん》の通り、自身の生命に仏界《ぶっかい》の太陽が昇《のぼ》れば、過去のいかなる業《ごう》も、苦悩の闇《やみ》も、その瞬間に消滅《しょうめつ》します。

〝今ここから、一切《いっさい》を開く！〟との一念《いちねん》が、宿命《しゅくめい》の鉄鎖《てっさ》を断《た》ち切る希望の光となって、未来を照らすのです。

池田大作先生の指導から

大事なのは、どこまでも「現在」です。

今を決定づけたのは過去世《かこせ》の因《いん》ですが、同時に、未来《みらい》を決定づけるのは今この瞬間《しゅんかん》です。過去の業因《ごういん》が未来をも規定するものではありません。むしろ、過去にどのような業因があろうとも、現在の因によって輝《かがや》かしい未来の果報《かほう》を得ていくことができることを強調しているのが、日蓮大《にちれんだい》聖人《しょうにん》の仏法の真骨頂《しんこっちょう》です。大聖人が宿業《しゅくごう》を説《と》くのは、あくまでも宿業は必ず転換《てんかん》できることを示すためです。（「開目抄」講義、『池田大作全集 34』収録）

詮《せん》ずるところは、天《てん》もすて《捨》給《たま》え、諸難《しょなん》にもあ《遭》え、身命《しんみょう》を期《ご》とせん。

（新一一四ページ・全二三二ページ）

結局のところは、天《てん》も（日蓮《にちれん》を）捨てるなら捨てよ。いかなる難《なん》にも遭《あ》おう。身命をなげうつ覚悟である。

当時、日蓮大聖人《にちれんだいしょうにん》は、御生涯において最大の難《なん》の渦中《かちゅう》にありました。迫害《はくがい》は激しさを増し、多くの門下《もんか》が退転《たいてん》する中、世間の人々に限らず門下にいたるまで、〝大聖人が法華経《ほけきょう》の行者《ぎょうじゃ》であるならば、なぜ諸天《しょてん》の加護《かご》がないのか〟という疑問が渦巻《うずま》いていたのです。

そこで大聖人《だいしょうにん》は、本抄《ほんしょう》において、ありとあらゆる経文《きょうもん》を挙《あ》げて、こうした疑いを一蹴《いっしゅう》されます。その上で、人々の生命に潜《ひそ》む無明《むみょう》の闇《やみ》を完全に晴らすべく、大聖人御自身の「誓願《せいがん》」を師子吼《ししく》されるのです。

「諸天《しょてん》が私を捨てるならば捨てればよい」

「難《なん》に遭《あ》っても構《かま》わない」

「わが身をなげうって広宣流布《こうせんるふ》に戦うのみである」

――一身《いっしん》の幸福だけを追い求めるような人々の幸福観を大きく超《こ》えた、「一切衆生《いっさいしゅじょう》の幸福」という大願《だいがん》。大聖人《だいしょうにん》は、その実現を誓い、命懸《いのちが》けの闘争《とうそう》を貫《つらぬ》かれました。

広宣流布《こうせんるふ》の誓願《せいがん》に生き抜けば、いかなる苦難《くなん》も恐れることはありません。大聖人《だいしょうにん》は、どのような大難《だいなん》にも微動《びどう》だにしない大慈悲《だいじひ》の御境涯《ごきょうがい》を示し、未来永遠に連《つら》なる弟子に、真《しん》の幸福の道を示されているのです。

この〝不惜身命《ふしゃくしんみょう》〟の精神こそ、創価の師弟に脈打《みゃくう》つ「戦う魂《たましい》」です。師弟の誓いに生き抜く中に、絶対勝利の人生があるのです。

池田大作先生の指導から

「広宣流布《こうせんるふ》の大願《だいがん》」と「仏界《ぶっかい》の生命」とは一体《いったい》です。だからこそ――この誓《ちか》いに生き抜《ぬ》く時、人は最《もっと》も尊《とうと》く、最も強く、最も大きくなれる。

この誓いを貫《つらぬ》く時、仏《ほとけ》の勇気、仏の智慧《ちえ》、仏の慈悲《じひ》が限《かぎ》りなく湧《わ》き出《い》でてくる。

この誓いに徹《てっ》し切る時、どんな悩《なや》みも変毒為薬《へんどくいやく》し、宿命《しゅくめい》をも使命へと転《てん》じていける。


（「聖教新聞」二〇一三年十一月九日付「広宣流布大誓堂 落慶記念勤行会へのメッセージ」）

我《われ》日本の柱《はしら》とならん、我日本の眼目《がんもく》とならん、我日本の大船《たいせん》とならん等とちかい《誓》し願《ねが》いやぶる《破》べからず。

（新一一四ジペー・全二三二ジペー）

「私は日本の柱となろう。私は日本の眼目《がんもく》となろう。私は日本の大船《たいせん》となろう」等と誓った誓願《せいがん》は、決して破《やぶ》ることはない。

日蓮大聖人《にちれんだいしょうにん》の民衆救済《きゅうさい》の誓い――それは、いかなる大難《だいなん》に遭《あ》おうとも微動《びどう》だにしませんでした。大聖人《だいしょうにん》は、これからどんな誘惑や脅迫《きょうはく》があろうとも、それによって左右されることはないとの「不退転《ふたいてん》」の覚悟を示されます。

そして立宗《りっしゅう》以来、貫《つらぬ》いてこられた御自身の偉大なる誓願《せいがん》を明かされるのです。

〝私が、傾《かたむ》いたこの国の精神の柱となろう〟〝私が、思想の正邪《せいじゃ》を見極《みきわ》める眼目《がんもく》となろう〟〝私が、苦悩に沈《しず》む民衆を救う大船《たいせん》となろう〟

この誓願《せいがん》は、「柱」――人々を守る「主《しゅ》の徳《とく》」、「眼目《がんもく》」――人々を導《みちび》く「師の徳」、「大船《たいせん》」

――人々を慈《いつく》しむ「親の徳」を表《あらわ》していると拝《はい》することができます。まさに、主師親《しゅししん》の三徳《さんとく》を具《そな》えた末法《まっぽう》の御本仏《ごほんぶつ》としての御境地《ごきょうち》を示されているのです。

大聖人《だいしょうにん》は、ひとたび誓ったこの大いなる願いは、未来にわたってこれからも、絶対に破《やぶ》ることはないと断言なされています。

誓願《せいがん》に貫《つらぬ》かれた〝一切衆生《いっさいしゅじょう》を救わずにおくものか〟との大慈悲《だいじひ》――この大聖人《だいしょうにん》の御精神のままに、世界広宣流布《こうせんるふ》を現実のものとしてきたのが創価の師弟です。

私たち華陽姉妹が、この学会精神を受け継《つ》ぎ、立ち上がることによって、友を、社会を幸福の方向へと導《みちび》くことができるのです。

池田大作先生の指導から

いかなる大難《だいなん》をも恐《おそ》れない。いかなる苦難《くなん》にも怯《おび》えない。その勇気を生み出す根源《こんげん》の力《ちから》が、広《こう》宣流布《せんるふ》の誓願《せいがん》です。

誓願に生きれば、どのような障魔《しょうま》が出来《しゅったい》しても、悠然《ゆうぜん》たる王者の魂《たましい》が光ります。どのような宿《しゅく》命《めい》が襲来《しゅうらい》しても、毅然《きぜん》たる勇者の魂が輝《かがや》きます。

そして「わが誓願の心」が破《やぶ》られることがなければ、あらゆる障魔にも宿命にも負けることは断《だん》じてありません。（「開目抄」講義、『池田大作全集 34』収録）

我《われ》ならびに我《わ》が弟子《でし》、諸難《しょなん》ありとも疑《うたが》う心なくば、自然《じねん》に仏界《ぶっかい》にいたるべし。天《てん》の加護《かご》なきことを疑わざれ。現世《げんぜ》の安穏《あんのん》ならざることをなげ《歎》かざれ。我が弟子に朝夕《ちょうせき》教えしかども、疑いをおこして皆《みな》す《捨》てけん。つたな《拙》き者《もの》のならい《習》は、約束せし事をまことの時はわす《忘》るるなるべし。

（新一一七ジペー・全二三四ジペー）

私も、そして私の弟子も、いかなる難《なん》があっても疑う心がなければ、必ず仏界《ぶっかい》にいたるのである。天《てん》の加護《かご》がないからと信仰を疑ってはならない。現世《げんぜ》が安穏《あんのん》ではないからと嘆《なげ》いてはならない。私の弟子に朝に夕に教えてきたけれども、疑いを起こして、皆《みな》、法華経《ほけきょう》を捨ててしまったようだ。拙《つたな》き者《もの》の常として、約束したことを大事な時に忘れてしまうものである。

日蓮大聖人《にちれんだいしょうにん》は、佐渡流罪《さどるざい》という大難《だいなん》の中で、身命《しんみょう》を惜《お》しまず広布《こうふ》に戦う「法華経《ほけきょう》の行者《ぎょうじゃ》」の誓願《せいがん》を宣言されました。そして、「我《われ》ならびに我《わ》が弟子《でし》」から始まる一節《いっせつ》で、門下《もんか》に対して〝今こそ、私と共に立ち上がれ！〟と呼びかけられ、師弟共戦の信心を教えられています。

広布《こうふ》に立ち上がれば、それを阻《はば》む障魔《しょうま》の働きが現《あらわ》れることは、経文《きょうもん》に照らして必然です。大事なのは、自身の「疑《うたが》う心」「嘆《なげ》きの心」に負けず、師との誓いを貫《つらぬ》くことです。

疑いや嘆《なげ》きの心は、私たち自身の生命の中の迷い、すなわち「無明《むみょう》」の現《あらわ》れです。信心根本《こんぽん》に、この無明を打ち破《やぶ》り、生命に本来具《そな》わる無限の可能性を開く以外に、真《しん》の幸福はありません。ゆえに大聖人《だいしょうにん》は、苦難《くなん》が起こる「まことの時」こそ〝宿命転換《しゅくめいてんかん》のチャンス〟〝幸福の土台を築く時〟と捉《とら》えて、信心で勝ち越えていくよう教えられているのです。

どんな苦難《くなん》をも乗り越えられる偉大な仏《ほとけ》の力《ちから》が必ずある――師の確信の励ましに応《こた》え、真《しん》の弟子の道を歩んでいきましょう。

池田大作先生の指導から

「中途《ちゅうと》で倒《たお》れるのは、はじめから何もしないのと同じ事《こと》だ」とは、『走《はし》れメロス』*の厳《きび》しき一《いっ》節《せつ》である。私は、祈《いの》る思いで、華陽会に指針《ししん》を贈《おく》った。

〝メロスの如《ごと》く、友を疑《うたが》わず、学会を疑わず、根本《こんぽん》は御本尊《ごほんぞん》を疑わず、走れ華陽会！　走れ女子部！〟――と。誓いに生き抜《ぬ》き、報恩《ほうおん》の誠《まこと》を尽《つ》くしゆく人生は美《うつく》しい。その歩《あゆ》みの一歩一歩が、勝利と幸福の軌跡《きせき》である。（『華陽の誓い』）

＊太宰治著『走れメロス・正義と微笑』潮出版社

観《かん》心《じんの》本《ほん》尊《ぞん》抄《しょう》

（新一二二ページ〜一四七ページ）
（全二三八ページ〜二五五ページ）

"The Object of Devotion for Observing the Mind Established in the Fifth Five-Hundred-Year Period after the Thus Come One's Passing"

若き日、師・戸田城聖先生と湘南《しょうなん》電車に乗っていた時のことである。車中でも、先生は御書（観心本尊抄）の講義をしてくださった。

ちょうど車窓《しゃそう》から太平洋の眺望《ちょうぼう》が開けた。

先生は「あの太平洋のような大境涯《だいきょうがい》の信心で、この御書を拝することだ。

そうでなければ、凡夫《ぼんぷ》が御本仏《ごほんぶつ》のお心に近づくことはできないのだ」と語られた。

（『随筆　人間勝利の光道』）

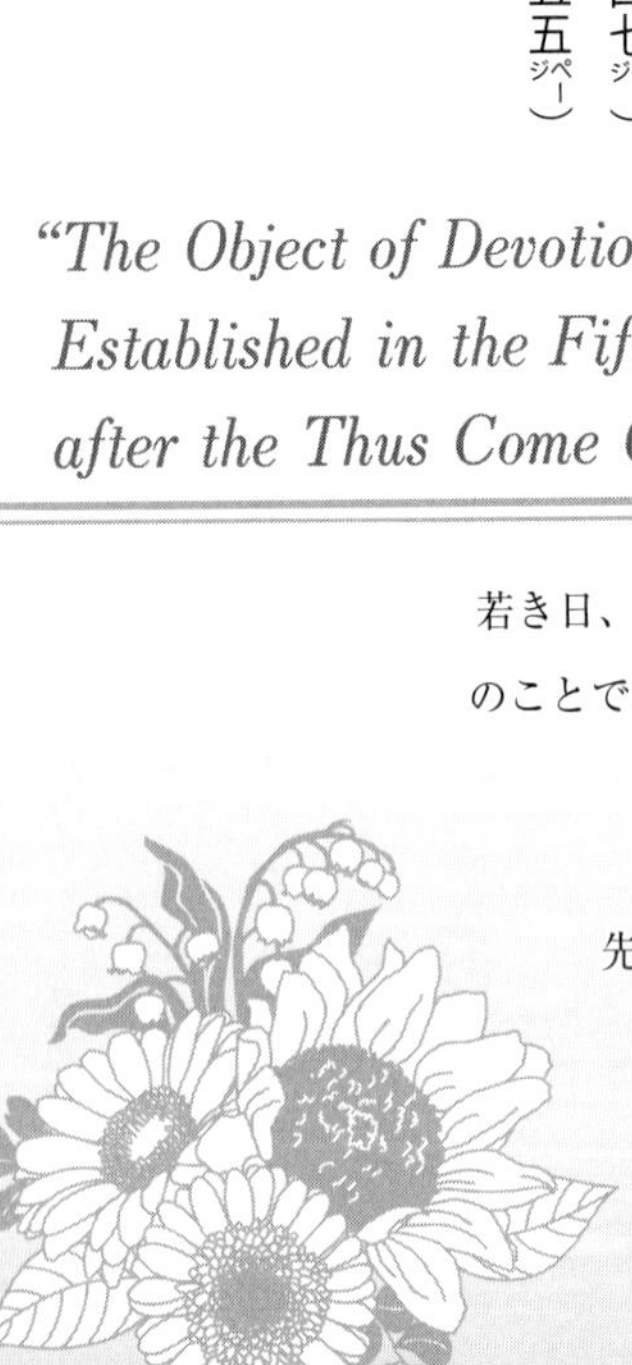

本抄について

文永《ぶんえい》十年（一二七三年）四月二十五日、日蓮大聖人《にちれんだいしょうにん》が五十二歳の時に佐渡《さど》の一谷《いちのさわ》で認《したた》められ、富木常忍《ときじょうにん》に送られました。

正式には、「如来滅後五五百歳始観心本尊抄《にょらいのめつごごのごひゃくさいにはじむかんじんのほんぞんしょう》」と言います。

末法《まっぽう》の衆生《しゅじょう》が成仏《じょうぶつ》のために受持《じゅじ》すべき南無妙法蓮華経の本尊《ほんぞん》について説《と》き明かしており、文永《ぶんえい》九年（一二七二年）二月に執筆された「開目抄《かいもくしょう》」と並んで、佐渡《さど》で著《あらわ》された御書の中でも最重要《さいじゅうよう》の書であるとされています。

本抄《ほんしょう》では、御本尊《ごほんぞん》を持《たも》ち、自行化他《じぎょうけた》の唱題に励むこと（受持《じゅじ》）が、成仏《じょうぶつ》の修行であること（観心《かんじん》）を示す「受持即《そく》観心」の法理が説《と》かれます。そして、諸仏《しょぶつ》を成仏させた根源《こんげん》の法である妙法が、釈尊滅後《しゃくそんめつご》の「五五百歳《ごのごひゃくさい》」にあたるこの時に、地涌《じゆ》の菩薩《ぼさつ》によって広宣流布《こうせんるふ》されるべきことが明かされます。

大聖人《だいしょうにん》が大慈悲《だいじひ》で御図顕《ごずけん》された御本尊《ごほんぞん》こそが末法《まっぽう》に流布《るふ》されるべき「本尊」であり、末法の全民衆に授与されることを宣言されています。

十界互具《じっかいごぐ》、これを立《た》つるは、石中《せきちゅう》の火《ひ》・木中《もくちゅう》の花、信じ難《がた》けれども、縁《えん》に値《あ》って出生《しゅっしょう》すればこれを信ず。人界所具《にんかいしょぐ》の仏界《ぶっかい》は水中《すいちゅう》の火・火中《かちゅう》の水、最《もっと》も甚《はなは》だ信じ難し。しかりといえども、竜火《りゅうか》は水より出《い》で、竜水《りゅうすい》は火より生《しょう》ず。心得《こころえ》られざれども、現証《げんしょう》有《あ》ればこれを用《もち》いる。

（新一二八ページ・全二四二ページ）

十界互具《じっかいごぐ》を立てることは石の中に火があり、木の中に花があるようなもので、信じ難《がた》いけれども、縁《えん》に値《あ》えば火が出、花が咲くので、信ずることができるのである。これに対して人界《にんかい》に仏界《ぶっかい》を具《ぐ》することは、水の中の火・火の中の水のように最も甚《はなは》だ信じ難いのである。しかし、竜火《りゅうか》は水から出るし、竜水《りゅうすい》は火から生《しょう》ずるのである。納得《なっとく》できないことではあるが、現実の証拠があるので人々はこれを用《もち》いている。

「十界互具《じっかいごぐ》」とは、十界のどの界にも十界がすべて具《そな》わっている——つまり、私たち凡夫《ぼんぷ》の生命にも、仏界《ぶっかい》が具わることを示す重要な法理です。

日蓮大聖人《にちれんだいしょうにん》は、石を打てば火花が生《しょう》じる、枝だけに見える木も春が到来すれば満開の花が咲くなど、どちらも、目に見えないものが縁《えん》によって現《あらわ》れ出る例を示されます。このように、見た目では信じられなくても、あらゆるものが大きな可能性を秘《ひ》めています。しかし人界《にんかい》に仏界《ぶっかい》が具《そな》わるということは、なかなか信じられません。

大聖人《だいしょうにん》は、苦悩の現実を生きる凡夫《ぼんぷ》の生命にも仏界《ぶっかい》があるという事実を、「水の中の火」「火の中の水」に譬《たと》えられています。通常では考えられなくても、竜《りゅう》がおこす火は水から出る等といわれるように、私たちの生命にも厳然《げんぜん》と仏界が存在することを示し、十界互具《じっかいごぐ》の法理を確信するよう教えられています。

今がどんな状況であったとしても、〝幸福の方向へと開きゆく力《ちから》が自身の中にある〟と確信し、満々たる生命力で立ち向かう時、その生命には、仏界《ぶっかい》が確実に現《あらわ》れているのです。

池田大作先生の指導から

〝仏界《ぶっかい》を観《かん》ずる〟としないで、〝十界《じっかい》を観ずる〟と言われているのは、仏界が現《あらわ》れたとしても他の九界《きゅうかい》がなくなるわけではないからです。あくまでも十界互具《ごぐ》の実相《じっそう》を観ずるのが観心《かんじん》だからです。たとえば、すべてに行き詰《づ》まってしまい、まさに今、苦悩《くのう》にあえぐ地獄界《じごくかい》の生命が現れているとしても、そのなかに、すべてを乗り越《こ》え勝利していける仏界の大生命力が厳然《げんぜん》と具《そな》わっていると見るのが、十界互具の実相の観心です。（「御書の世界　上」、『池田大作全集　32』収録）

釈尊《しゃくそん》の因行果徳《いんぎょうかとく》の二法《にほう》は妙法蓮華経の五字に具《ぐ》足《そく》す、我らこの五字を受持《じゅじ》すれば、自然《じねん》に彼《か》の因《いん》果《が》の功徳《くどく》を譲《ゆず》り与《あた》えたもう。

（新一三四ジペー・全二四六ジペー）

釈尊《しゃくそん》の因行《いんぎょう》と果徳《かとく》の二法は、妙法蓮華経の五字に具足《ぐそく》している。私たちが、この五字を受持《じゅじ》すれば、自然に釈尊の因果《いんが》の功徳《く》《どく》を譲《ゆず》り与えられるのである。

日蓮大聖人《にちれんだいしょうにん》は、釈尊《しゃくそん》が成仏《じょうぶつ》するために長遠《ちょうおん》にわたり自《みずか》ら行《おこな》った修行（因行《いんぎょう》）も、それで得た仏《ほとけ》の福徳《ふくとく》（果徳《かとく》）も、すべて「妙法蓮華経」の五字に具《そな》わっていると仰《おお》せです。「妙法蓮華経」こそ、釈尊《しゃくそん》が成仏《じょうぶつ》した根源《こんげん》の法であり、すべての仏《ほとけ》は、この五字によって仏の悟《さと》りを得ました。ゆえに大聖人《だいしょうにん》は、私たちが妙法の五字を受持《じゅじ》すれば、成仏の因果《いんが》の功徳《くどく》をすべて譲《ゆず》り受けることができると断言されています。末法《まっぽう》において〝この五字を受持する〟とは、大聖人が顕《あらわ》された御本尊《ごほんぞん》を受持することにほかなりません。大聖人は、人々の機根《きこん》（法を受け入れる能力）にかかわらず、末法の衆生《しゅじょう》が等しく自身の仏界《ぶっかい》を現《あらわ》せるよう、御本尊を御図顕《ごずけん》されたのです。

御本尊《ごほんぞん》の功力《くりき》を発揮《はっき》するための「受持《じゅじ》」とは、自行化他《じぎょうけた》の唱題に励むことです。つまり、自身が唱題に励む自行と、それを他者に弘《ひろ》めゆく化他行の実践により、仏《ほとけ》の福徳《ふくとく》を得ることができるのです。唱題は、私たちの胸中《きょうちゅう》の仏性《ぶっしょう》を呼び顕《あらわ》す実践です。大聖人《だいしょうにん》は、「法華初心成仏抄《ほっけしょしんじょうぶつしょう》」（新六八五ジペー・全五四四ジペー）で、このことを譬《たと》えられ、あたかも、籠《かご》の中の鳥が鳴く時、空を飛ぶ多くの鳥がそのもとに集まり、籠の中の鳥も外に出ようとするように、自他《じた》の仏性が涌現《ゆげん》してくると教えられています。私たちの無限の可能性を開くのは、強い信心です。御本尊への確信の祈りを根本《こんぽん》に、わが生命を輝《かがや》かせ、師と共に幸福の直道《じきどう》を歩む華陽のスクラムを広げていきましょう。

池田大作先生の指導から

広宣流布《こうせんるふ》の実践《じっせん》なくして御本尊《ごほんぞん》を拝《はい》しても、真実の仏《ほとけ》の大慈悲《だいじひ》は通《かよ》ってこない。

「日蓮《にちれん》と同意」「日蓮が一門《いちもん》」という、大聖人《だいしょうにん》と同じ広宣流布の決意に立った時、大河《たいが》のごとく、日蓮大聖人の大慈悲がとうとうと流れ伝わるのです。御本尊の功力《くりき》は無限大です。くめどもくめども尽《つ》きることがない。皆がこれまで受けてきた功徳《くどく》でもまだ比較《ひかく》することのできない、無《む》量無辺《りょうむへん》の広大《こうだい》な功徳がある。その最大の功徳が、人類の宿命《しゅくめい》の転換《てんかん》です。

その功徳を引き出すのが、創価学会の信心です。（「御書の世界　上」、『池田大作全集　32』収録）

天晴《てんは》れぬれば地明《ちあき》らかなり。法華《ほっけ》を識《し》る者《もの》は世《せ》法《ほう》を得《う》べきか。

（新一四六㌻・全二五四㌻）

天《てん》が晴れるならば、地は自《おの》ずから明らかとなる。同様に、法《ほ》華経《けきょう》を知る者《もの》は世間の法をも、自ずから得るであろう。

現実を離れて仏法はありません。仏法は、三世《さんぜ》を貫《つらぬ》き、宇宙を貫く絶対の法則です。ゆえに、日蓮大聖人《にちれんだいしょうにん》は、天《てん》が晴れわたれば、大地が明るく照らされるのと同じように、仏法に照らせば、現実社会に起きる物事の本質を知ることができると仰《おお》せです。

私たちの現実に即《そく》して拝《はい》するならば、信心根本《こんぽん》に生きる人は、仕事や生活など、世の中のあらゆる場面で勝ちゆくことができるという原理を示されていると拝せます。

いかなることがあろうとも、すべてを仏法の眼《まなこ》で見ていくならば、行き詰まりはありません。人生の中でぶつかるさまざまな困難や試練さえも、その深い意味を捉《とら》え、勇敢に立ち向かうことができるのです。

まさに、「天晴《てんは》れぬれば」との真剣な唱題と勇気の挑戦によって、無明《むみょう》の闇《やみ》を破《やぶ》り、生命を晴れわたらせることで、「地明《ちあき》らかなり」と仰《おお》せのように、生命の鏡《かがみ》に、進むべき方向が映《うつ》し出されれ、人生勝利の大道《だいどう》を間違いなく歩み抜くことができる。ここに、すべてを幸福へのチャンスに変える仏法の智慧《ちえ》の輝《かがや》きがあります。

絶対勝利の信心を根本《こんぽん》に、社会で、地域で信頼の実証《じっしょう》を示していきましょう。

池田大作先生の指導から

信心深き皆さん方は、「以信代慧《いしんだいえ》」（信《しん》を以《も》って慧《え》に代《か》う）の法理《ほうり》に則《のっと》って、偉大《いだい》な仏《ほとけ》の境涯《きょうがい》を開いていける。この現実社会の中で、生き生きと価値創造《かちそうぞう》の智慧《ちえ》を発揮《はっき》していくことができる。

そして家庭《かてい》でも、職場《しょくば》でも、地域《ちいき》でも、今いる場所《ばしょ》で、周囲《しゅうい》を爽《さわ》やかに照《て》らしながら、信頼《しんらい》と勝利の実証《じっしょう》を、一つ一つ示していけるのである。人によって、悩《なや》みも境遇《きょうぐう》も、さまざまである。しかし、必《かなら》ず打開《だかい》できる。（『華陽の誓い』）

一念三千《いちねんさんぜん》を識《し》らざる者《もの》には、仏《ほとけ》、大慈悲《だいじひ》を起《お》こし、五字の内《うち》にこの珠《たま》を裹《つつ》み、末代幼稚《まつだいようち》の頸《くび》に懸《か》けしめたもう。

（新一四六㌻・全二五四㌻）

一念三千《いちねんさんぜん》を知らない（末法《まっぽう》の）衆生《しゅじょう》に対しては、仏《ほとけ》は大慈《だいじ》悲《ひ》を起こし、妙法《みょうほう》五字の内に（一念三千の）珠《たま》をつつみ、末法の機根《きこん》の幼稚《ようち》なわれわれの頸《くび》に懸《か》けさせられるのである。

一念三千《いちねんさんぜん》とは、私たちの瞬間の生命に、三千の諸法《しょほう》、すなわちさまざまな現象、働きがすべて具《そな》わっているという法理です。つまり、一念に三千の諸法が具わっており、また、一念が三千の諸法に遍《あまね》く広がるという、生命の無限の可能性を説《と》いた変革の法理です。

日蓮大聖人《にちれんだいしょうにん》以前の仏教においては、この「一念三千《いちねんさんぜん》」を覚知し、成仏《じょうぶつ》するための仏道《ぶつどう》修行として、自身の生命に十界《じっかい》の境涯《きょうがい》が具《そな》わることを観《かん》じる「観心《かんじん》」が行《おこな》われていました。しかし、これには勝《すぐ》れた能力が必要であり、誰でも実践できる修行ではありません。それゆえ、貪《むさぼ》り・瞋《いか》り・癡《おろ》かの三毒《さんどく》が強盛《ごうじょう》な末法《まっぽう》の衆生《しゅじょう》は「一念三千」の法理を理解することができませんでした。

末法《まっぽう》のすべての人々を救いたいという仏《ほとけ》の願いを、現実のものとされたのが大聖人《だいしょうにん》です。大聖人《だいしょうにん》は、このような末法《まっぽう》の衆生《しゅじょう》のために、「五字の内《うち》」すなわち妙法蓮華経の御本尊《ごほんぞん》の中に、万人成仏《ばんにんじょうぶつ》の根源《こんげん》の法である一念三千《いちねんさんぜん》の「珠《たま》」を包まれたのです。すべての人を救いたいとの大慈悲《だいじひ》から、一念三千を体現した御自身の仏《ほとけ》の生命を曼荼羅《まんだら》に顕《あらわ》し、私たちの実践の「御本尊」とされたのです。

そして、「末代幼稚《まつだいようち》の頸《くび》に懸《か》け」とある通り、いかなる境涯《きょうがい》の衆生《しゅじょう》も、御本尊《ごほんぞん》を受持《じゅじ》することによって、その身のままで、自身の仏《ほとけ》の生命を涌現《ゆげん》できるようにしてくださったのです。

ゆえに、御本尊《ごほんぞん》を信じ、題目を唱える――御本尊に対する「信心」が、末法《まっぽう》における「観心《かんじん》」となります。大聖人《だいしょうにん》の不惜身命《ふしゃくしんみょう》の精神に連《つら》なり、一切衆生《いっさいしゅじょう》の成仏《じょうぶつ》を実現していくのが、創価学会の実践にほかなりません。この使命を貫《つらぬ》くことで、無限の功力《くりき》を引き出すことができるのです。

池田大作先生の指導から

全世界の人たちが、仏法の慈光《じこう》を思う存分浴《あ》びて、功徳《くどく》の大輪《たいりん》を爛漫《らんまん》と咲かせてほしい。なんの遠慮《えんりょ》もいらなければ、何も妨《さまた》げるものはない。自分が幸福になるための御本尊《ごほんぞん》です。万人《ばんにん》を幸福にするための御本尊です。日蓮大聖人《にちれんだいしょうにん》が遺《のこ》された太陽の仏法の功徳を、全世界の人々が満喫《まんきつ》していくために戦うのが、創価学会の使命です。（「御書の世界　上」、『池田大作全集　32』収録）

撰《せん》時《じ》抄《しょう》

（新一六〇㌻～二一一㌻）

（全二五六㌻～二九二㌻）

"The Selection of the Time"

経文通《きょうもんどお》りに法華経《ほけきょう》を死身弘法《ししんぐほう》される、大聖人《だいしょうにん》こそが、

「閻浮提《えんぶだい》第一の法華経の行者《ぎょうじゃ》」であり、全世界《ぜんせかい》の広宣流布《こうせんるふ》を実現《じつげん》していく

先覚者《せんかくしゃ》であられることを力強《ちからづよ》く宣言《せんげん》された書《しょ》が、

この「撰時抄《せんじしょう》」にほかなりません。

（「大白蓮華」2010年8月号「勝利の経典『御書』に学ぶ」）

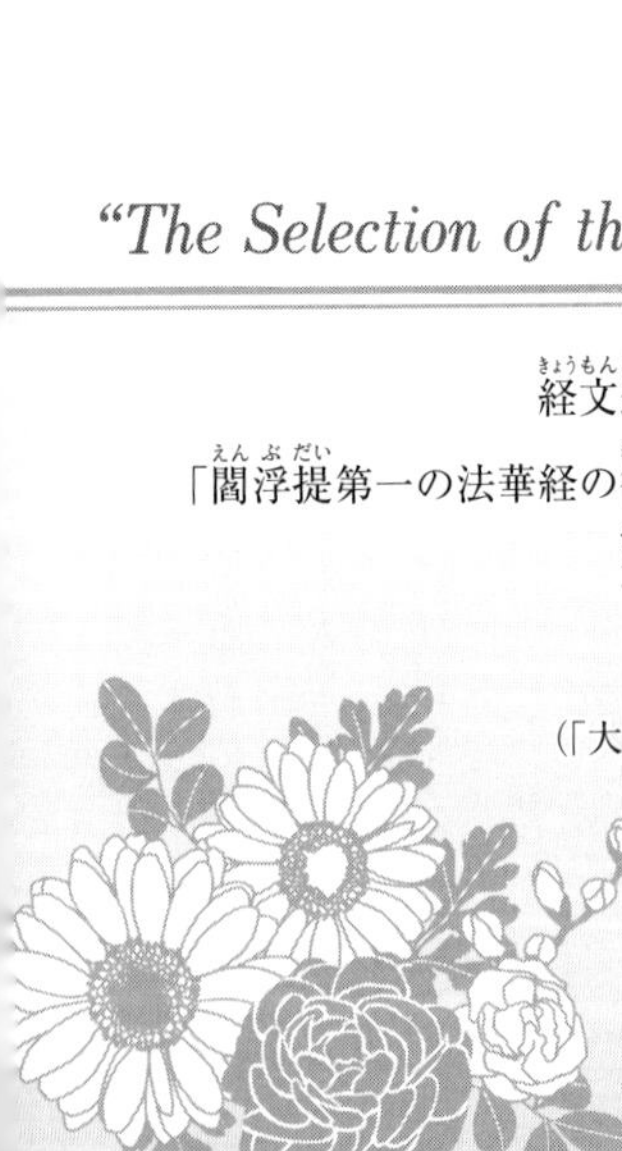

本抄について

建治元年《けんじがんねん》（一二七五年）、日蓮大聖人《にちれんだいしょうにん》が、駿河国《するがのくに》（静岡県中部）・西山の由比《ゆい》（由井）氏に送られた書です。

題号の「撰時《せんじ》」とは、「時を選ぶ」、つまり、「南無妙法蓮華経が広宣流布《こうせんるふ》する時として、末法《まっぽう》を選び取る」という意味です。

本抄御執筆《ほんしょうごしっぴつ》の前年に蒙古《もうこ》が襲来《しゅうらい》。当時、人々は再びの襲撃《しゅうげき》に怯《おび》え、国中が騒然《そうぜん》としていました。

大聖人《だいしょうにん》は本抄《ほんしょう》で、「闘諍言訟《とうじょうごんしょう》・白法隠没《びゃくほうおんもつ》」（論争が絶《た》えず正法《しょうほう》が見失われること）とされる末法《まっぽう》の様相を明らかにされます。そして、世間の惨状《さんじょう》を前に、「今こそ、南無妙法蓮華経の大白法《だいびゃくほう》が広《こう》宣流布《せんるふ》する時」と、大聖人が、末法救済《きゅうさい》の「法華経《ほけきょう》の行者《ぎょうじゃ》」として立ち上がられたことを示されます。

最後に、弟子たちへ、大聖人《だいしょうにん》の不惜身命《ふしゃくしんみょう》の戦いに続くよう勧《すす》められ、本抄《ほんしょう》を結ばれています。

王地《おうち》に生《う》まれたれば身《み》をば随《したが》えられたてまつるようなりとも、心をば随えられたてまつるべからず。

(新二〇四ページ・全二八七ページ)

王が治《おさ》める地に生まれたので、身は随《したが》えさせられるようであったとしても、心は随えさせられることはない。

民衆救済《きゅうさい》のため、正義の言論闘争《げんろんとうそう》を開始された日蓮大聖人《にちれんだいしょうにん》に対し、人々はありとあらゆる迫害《はくがい》を加え、幕府《ばくふ》はついに死罪にも等しい佐渡流罪《さどるざい》に処《しょ》しました。

しかし、蒙古襲来《もうこしゅうらい》への危機感が高まる中、幕府《ばくふ》は一転《いってん》して流罪《るざい》を赦免《しゃめん》。大聖人《だいしょうにん》は佐渡《さど》から鎌倉《かまくら》へ御帰還《ごきかん》を果《は》たされ、文永《ぶんえい》十一年(一二七四年)四月、断固たる御決意で三度目の国主諫暁《こくしゅかんぎょう》に挑《いど》まれたのです。

権力者の圧倒的な力《ちから》による横暴《おうぼう》に、真《ま》っ向《こう》から立ち向かわれた大聖人《だいしょうにん》。その悠然《ゆうぜん》たるお姿《すがた》は、まさしく〝精神界の王者〟そのものであったと拝《はい》されます。その時、平左衛門尉頼綱《へいのさえもんのじょうよりつな》に、堂々《どうどう》と師子吼《ししく》されたのが、この一節《いっせつ》です。

ユネスコが「世界人権宣言」（一九四八年）の二十周年を記念して編纂《へんさん》した『語録　人間の権利』にも収録されています。

たとえ、この身が従《したが》えられようとも、わが正義の心は断《だん》じて従えられることはない――命をとして民衆救済《きゅうさい》に立ち上がられた大聖人《だいしょうにん》の戦う魂《たましい》は、いかなる権力をもってしても、押さえつけることはできなかったのです。

この魂《たましい》を受け継《つ》ぎ、民衆の幸福のために正義の旗を掲げて、精神の自由を脅《おびや》かすあらゆる「権力の魔性《ましょう》」と戦い抜いてきたのが創価三代の会長です。

大聖人《だいしょうにん》の偉大な精神を受け継《つ》ぎ、正義を貫《つらぬ》くことこそ、私たちの使命です。

池田大作先生の指導から

目覚《めざ》めた人間の精神《せいしん》は、どんな強大《きょうだい》な権力《けんりょく》たりとも支配《しはい》できません。その精神は、たとえ一時《いちじ》は権力の鉄鎖《てっさ》に縛《しば》られるように見えても、不撓不屈《ふとうふくつ》の闘争《とうそう》を貫《つらぬ》き通《とお》す。最後《さいご》には、いかなる鉄鎖も断《た》ち切《き》って、この現実世界《げんじつせかい》に生命《せいめい》の勝《か》ち鬨《どき》をあげる。

（「大白蓮華」二〇一〇年八月号「勝利の経典『御書』に学ぶ」）

衆流《しゅる》あつ《集》まりて大海《たいかい》となる。微塵《みじん》つ《積》もりて須弥《しゅみ》山《せん》となれり。日蓮《にちれん》が法華経《ほけきょう》を信《しん》じ始《はじ》めしは、日本国には一滴一微塵《いったいいちみじん》のごとし。法華経を二人《ににん》・三人・十人・百千万億人唱《とな》え伝《つた》うるほどならば、妙《みょう》覚《かく》の須弥山ともなり、大涅槃《だいねはん》の大海ともなるべし。仏《ほとけ》にな《成》る道《みち》は、これよりほかに、またもと《求》むることなかれ。

（新二〇五㌻・全一二八八㌻）

多くの川の流れが集まって大《たい》海《かい》となり、小さな塵《ちり》が積もって須弥山《しゅみせん》となったのである。日蓮《にちれん》が法華経《ほけきょう》を信じ始めたのは、日本国にとっては、一滴《いってき》の水、一粒の塵のようなものである。やがて、二人、三人、十人、百千万億人と、人々が法華経の題目を唱《とな》え伝えていくようになると、妙覚《みょうかく》の須弥山ともなり、大《だい》涅槃《ねはん》の大海ともなるに違いない。仏《ほとけ》になる道は、これよりほかに求めてはならない。

日蓮大聖人《にちれんだいしょうにん》は、民衆を苦悩から救い、悪世《あくせ》を変革するために立ち上がられ、末法《まっぽう》において「南無妙法蓮華経」を唱え弘《ひろ》められました。

はじめは一滴《いってき》の水や一粒の塵《ちり》のようにわずかな存在でも、川の流れが集まって大きな海となり、たくさんの塵が積もって大きな須弥山《しゅみせん》となるように、真実に目覚めた一人の「法華経《ほけきょう》の行者《ぎょうじゃ》」の偉大な闘争《とうそう》は、二人、三人、十人、さらに、百千万億人へと大きく広がり、世界の変革へとつながっていく――大聖人《だいしょうにん》は〝広宣流布《こうせんるふ》は必ず成《な》し遂《と》げられる〟との大確信を示され、弟子に共戦を呼びかけられています。

師に連《つら》なる〝本物の一人〟が続くことによって、平和と幸福に満ちた社会は創出《そうしゅつ》されていくのです。大聖人《だいしょうにん》はさらに、万人《ばんにん》の幸福・世界平和という仏《ほとけ》の大願《だいがん》を実現する戦い以外に、「仏になる道」を求めてはならないと断言されています。

〝今いる場所で、広布《こうふ》の使命を果《は》たそう〟との誇りも高く、師と共に朗《ほが》らかに前進しましょう。

池田大作先生の指導から

あらゆることは、一滴《いってき》、一微塵《いちみじん》から始《はじ》まるのです。しかし、その一滴、一微塵が確《たし》かな存在《そんざい》であれば、同《おな》じ志《こころざし》で次《つぎ》の「一人」が立ち上がり、着実《ちゃくじつ》に積《つ》み重《かさ》なっていきます。

法華経《ほけきょう》は万人《ばんにん》を目覚《めざ》めさせる教《おし》えです。一人一人の無明《むみょう》を力強《ちからづよ》く打《う》ち破《やぶ》って、法性《ほっしょう》の生命《せいめい》を呼《よ》び覚ます力《ちから》がある。一人の「法華経の行者《ぎょうじゃ》」が行動《こうどう》を起《お》こせば、太陽《たいよう》の如《ごと》く周囲《しゅうい》の闇《やみ》を照《て》らし、晴《は》らしていくことができます。(「大白蓮華」二〇一〇年八月号「勝利の経典『御書』に学ぶ」)

されば我《わ》が弟子《でし》等、心《こころ》みに法華経《ほけきょう》のごとく身命《しんみょう》も惜《おし》まず修行《しゅぎょう》して、この度《たび》仏法を心みよ。
（新二一〇ジペー・全二九一ジペー）

さればわが弟子らよ、試《こころ》みに法華経《ほけきょう》の通り身命《しんみょう》も惜《お》しまず修行して、このたび仏法を試みてみよ。

わが弟子らよ、今こそ、広宣流布《こうせんるふ》の偉業を創《つく》る戦いに続け！——本抄《ほんしょう》を結ばれるにあたり、日蓮大聖人《にちれんだいしょうにん》は門下《もんか》へ呼びかけられました。

末法《まっぽう》の衆生《しゅじょう》の幸福を開く唯一の法である「南無妙法蓮華経」を弘《ひろ》める時、三障四魔《さんしょうしま》の大難《だいなん》が競《きそ》い起こることは経文《きょうもん》に明らかです。

しかし大聖人《だいしょうにん》は、一切《いっさい》の大難《だいなん》を覚悟の上で、民衆救済《きゅうさい》の戦いを開始されました。まさに、その不惜身命《ふしゃくしんみょう》の闘争《とうそう》によって、末法広宣流布《まっぽうこうせんるふ》が現実のものとなったのです。

大聖人《だいしょうにん》は、「この第一の経《きょう》を持《たも》つ人は第一の人である」（新二〇八ジペー・全二九〇ジペー、趣意）との経《きょう》文《もん》を掲げ、この経文を胸に誇りを持って勇敢に実践すれば、仏《ほとけ》の大境涯《だいきょうがい》を得られることは絶対に間違いないと教えられています。ゆえに、経文通りに身命《しんみょう》を惜《お》しむことなく「仏法を試《こころ》みなさい」と仰《おお》せです。

大聖人《だいしょうにん》御自身が、不惜身命《ふしゃくしんみょう》の戦いの中で明らかにされた胸中《きょうちゅう》の仏界《ぶっかい》――何があっても揺《ゆ》るがない絶対的幸福境涯《きょうがい》を、弟子たちにも得させたい、との大慈悲《だいじひ》が伝わってきます。

また御自身の姿を通し、「身命《しんみょう》を惜《お》しまず戦えば、必ず勝利できる！」と、広宣流布《こうせんるふ》に戦う実践を示され、後継の門下《もんか》へ、不二の魂《たましい》で立ち上がるよう訴《うった》えられているのです。

この大確信に連《つら》なり、不惜身命《ふしゃくしんみょう》の戦いで、仏法の正義を満天下《まんてんか》に示し、民衆の幸福と世界の平和を実現していきましょう。

池田大作先生の指導から

師《し》をもつことほど、大きな幸福はありません。師と共《とも》に戦えることほど気高《けだか》い誉《ほま》れはありません。その師への感謝こそが、正しい人生を歩《あゆ》み続ける源泉《げんせん》なのです。

師恩《しおん》に報《ほう》じて、師と共に戦う。法華経《ほけきょう》は、「師匠《ししょう》（仏《ほとけ》）によって救《すく》われる弟子《でし》」から、「師匠と同じ誓願《せいがん》に立って人々を救う弟子」への一大転換《いちだいてんかん》を説《と》いていることを確認しておきたい。

言《い》い換《か》えれば、共戦《きょうせん》の弟子が出現してこそ、法華経の民衆救済《きゅうさい》の思想が完成するのです。

（『勝利の経典「御書」に学ぶ　13』）

報《ほう》恩《おん》抄《しょう》

（新二一二ページ～二六二ページ）
（全二九三ページ～三二九ページ）

"On Repaying Debts of Gratitude"

信心を深め、無明《むみょう》を打《う》ち破《やぶ》って、「大我《たいが》」に生きゆく人生――。
そこには、自分が縁《えん》する人々、自身を育《はぐく》んでくれた人々に
尽《つ》きせぬ感謝《かんしゃ》の念《ねん》が生《しょう》じます。（中略）
大聖人《だいしょうにん》の御生涯《ごしょうがい》は壮大《そうだい》な報恩行《ほうおんぎょう》であられたと
拝《はい》することができる。それを旧師《きゅうし》・道善房《どうぜんぼう》への
師恩報謝《しおんほうしゃ》のために提示《ていじ》されている御書が
「報恩抄《ほうおんしょう》」なのです。

（『希望の経典「御書」に学ぶ　3』）

本抄について

建治《けんじ》二年（一二七六年）七月、日蓮大聖人《にちれんだいしょうにん》が五十五歳の時に、旧師《きゅうし》である道善房《どうぜんぼう》の逝去《せいきょ》の知らせを受け、追善《ついぜん》のために身延《みのぶ》（山梨県南巨摩郡《みなみこまぐん》）で著《あらわ》された書です。

大聖人《だいしょうにん》は、修学時代の兄弟子で、のちに大聖人に帰依《きえ》した浄顕房《じょうけんぼう》、義浄房《ぎじょうぼう》に本抄《ほんしょう》を送られ、道《どう》善房《ぜんぼう》の墓前《ぼぜん》で読むよう書き添えられています。

本抄《ほんしょう》では、人間としての根本《こんぽん》の道は、〝報恩《ほうおん》〟であることを教えられています。そして、真《しん》の〝報恩〟の道とは、仏法を究《きわ》め、法華経《ほけきょう》を第一とすることであると示し、諸宗《しょしゅう》を破折《はしゃく》されています。

さらに、末法《まっぽう》に弘《ひろ》まるべき法は、法華経の肝心《かんじん》である三大秘法《さんだいひほう》の「南無妙法蓮華経」であり、この大法《だいほう》が末法万年《まんねん》にわたり一切衆生《いっさいしゅじょう》を救うことを宣言されます。

最後に、不惜《ふしゃく》の闘争《とうそう》を貫《つらぬ》く大聖人《だいしょうにん》の功徳《くどく》は、すべて故《こ》・道善房《どうぜんぼう》に帰《き》すると仰《おお》せです。

仏教をなら《習》わん者《もの》の、父母・師匠《ししょう》・国恩《こくおん》をわす《忘》るべしや。この大恩《だいおん》をほう《報》ぜんには、必ず仏法をなら《習》いきわ《極》め智者《ちしゃ》とならで叶《かな》うべきか。

（新一二一二㌻・全一二九三㌻）

仏法を習《なら》う者《もの》が、父母、師匠、国の恩を忘れていいわけがあろうか。
この大恩《だいおん》に報《むく》いるためには、必ず仏法の奥底《おうてい》を学び行《ぎょう》じて、智者《ちしゃ》とならなければならない。

日蓮大聖人《にちれんだいしょうにん》は、人間として最も大切な生き方は「報恩《ほうおん》」つまり、「恩《おん》に報《むく》いること」であると教えられています。本抄《ほんしょう》の冒頭では、動物でさえ恩を知っているという説話《せつわ》、また、賢人《けんじん》が命《いのち》懸《が》けで恩に報いたという故事《こじ》を通し、仏法を学び、実践するものは、父母の恩・師匠の恩・国の恩を絶対に忘れてはならないと説《と》かれます。

自分を生み育ててくれた父母。人間として向上させてくれた師匠。そして、生活の基盤となる国や社会。これら多くの支えがあって、今の自分があるということを絶対に忘れない。これが、報恩《ほうおん》の人生の第一歩です。

では、その大恩《だいおん》に報《むく》いるためには、どうすればいいか――大聖人《だいしょうにん》は、仏法を学び抜き、真《しん》の智《ち》者《しゃ》となって、恩ある人々を導《みちび》くことであると宣言されます。

生死《しょうじ》の苦悩を根本《こんぽん》から解決し、すべての人の幸福を実現する唯一の法こそ南無妙法蓮華経です。ゆえに、この万民救済《ばんみんきゅうさい》の妙法《みょうほう》を教え弘《ひろ》められた大聖人《だいしょうにん》の御闘争《ごとうそう》に連《つら》なり、友のために仏法を語る実践の中に、最極《さいごく》の報恩《ほうおん》の道はあるのです。

恩《おん》に報《むく》いる戦いこそが、あらゆる困難を打開すると確信し、揺《ゆ》るがぬ自身を築いていきましょう。

池田大作先生の指導から

報恩《ほうおん》の人生に、行き詰《づ》まりはありません。父母や師匠をはじめ、今の自分を築《きず》かせてくれた一切《いっさい》の人々への感謝と報恩の決意が、自身を向上《こうじょう》させる原動力となります。自分を育《はぐ》んでくれた人々を断《だん》じて裏切《うらぎ》るまいと思えば、人生の正しき軌道《きどう》から外《はず》れることはありません。いかなる苦《く》境《きょう》でも、恩ある人たちを思《おも》い浮《う》かべれば、「負《ま》けじ魂《だましい》」が込み上げてきます。報恩は、人間の根《こん》源《げん》の力《ちから》を引き出す源泉《げんせん》となるのです。（『勝利の経典「御書」に学ぶ　10』）

日蓮《にちれん》が慈悲曠大《じひこうだい》ならば、南無妙法蓮華経は万年《まんねん》の外《ほか》未来までもなが《流》るべし。日本国の一切衆生《いっさいしゅじょう》の盲目《もうもく》をひら《開》ける功徳《くどく》あり。無間地獄《むけんじごく》の道《みち》をふさ《塞》ぎぬ。この功徳は、伝教《でんぎょう》・天台《てんだい》にも超《こ》え、竜樹《りゅうじゅ》・迦《か》葉《しょう》にもすぐ《勝》れたり。極楽《ごくらく》百年の修行《しゅぎょう》は穢土《えど》の一日の功《く》に及《およ》ばず。正像《しょうぞう》二千年の弘通《ぐつう》は末法《まっぽう》の一時《いちじ》に劣《おと》るか。

（新一二六一㌻・全三二九㌻）

日蓮《にちれん》の慈悲《じひ》が広大《こうだい》であるなら、南無妙法蓮華経は万年《まんねん》を超《こ》えて、未来永遠に流布《るふ》するに違いない。日本国の一切衆生《いっさいしゅじょう》の盲《もう》目《もく》を開いた功徳《くどく》がある。無間地《むけんじ》獄《ごく》の道をふさいだのである。この功徳は、伝教《でんぎょう》・天台《てんだい》にも超え、竜樹《りゅうじゅ》・迦葉《かしょう》よりも優《すぐ》れているのである。極楽《ごくらく》における百年の修行は、穢土《えど》における一日の修行の功徳に及《およ》ばない。正法《しょうほう》・像法《ぞうほう》二千年の弘通《ぐつう》は、末法《まっぽう》の一《いち》時《じ》の弘通に劣《おと》るのである。

未来永遠に一切衆生《いっさいしゅじょう》の幸福を開く――日蓮大聖人《にちれんだいしょうにん》の妙法《みょうほう》を弘《ひろ》めゆく命懸《いのちが》けの闘争《とうそう》は、万人《ばんにん》の成《じょう》仏《ぶつ》を願う大慈悲《だいじひ》に貫《つらぬ》かれています。ここでは、大聖人こそ、「主師親《しゅししん》の三徳《さんとく》」を具《そな》えた末法《まっぽう》の御《ご》本仏《ほんぶつ》であることが拝《はい》されます。すなわち「日蓮《にちれん》が慈悲曠大《じひこうだい》」が人々を慈《いつく》しむ働き（親の徳）、「一切衆生《いっさいしゅじょう》の盲目《もうもく》をひら《開》ける功徳《くどく》あり」が人々を正しく導《みちび》く働き（師の徳）、「無間地獄《むけんじごく》の道《みち》をふさ《塞》ぎぬ」が人々を守る働き（主の徳）を意味しています。

「万年《まんねん》の外《ほか》未来までもなが《流》るべし」と仰《おお》せの通り、大聖人《だいしょうにん》の大慈悲《だいじひ》の闘争《とうそう》によって顕《あらわ》された南無妙法蓮華経は、今や広宣流布《こうせんるふ》の大潮流《だいちょうりゅう》となって世界中に広がっています。

続いて大聖人《だいしょうにん》は、悪世末法《あくせまっぽう》で広布《こうふ》に戦う功徳《くどく》は計り知れないことを明かされます。恵まれた環境で自身を磨《みが》くことは難しいといえます。反対に、苦難《くなん》や試練を生命錬磨《れんま》の機会と捉《とら》え、その中で勝利を開いていけば、労苦はすべて功徳となるのです。現代の世界広布《こうふ》の基盤を築いた創価三代の師弟。その恩《おん》に報《むく》いる最極《さいごく》の人生を歩んでいきましょう。

池田大作先生の指導から

仏勅《ぶっちょく》の創価学会が出現したことによって、大聖人《だいしょうにん》を源流《げんりゅう》と仰《あお》ぐ「広宣流布《こうせんるふ》の大河《たいが》」が、二十一世紀の世界へ滔々《とうとう》と流れていることは、厳然《げんぜん》たる事実《じじつ》です。

世界広宣流布の基盤《きばん》は、完璧《かんぺき》に確立しました。いよいよ、この大河を、広宣流布の大海《たいかい》として世界中に広げる時が到来《とうらい》しました。（『希望の経典「御書」に学ぶ 3』）

日本国は一同《いちどう》の南無妙法蓮華経なり。されば、花は根にかえり《帰》、真味《しんみ》は土《つち》にとどま《留》る。この功徳《くどく》は故道善房《こどうぜんぼう》の聖霊《しょうりょう》の御身《おんみ》にあつま《集》るべし。

（新一二六一ページ・全三二九ページ）

日本国は一同《いちどう》に南無妙法蓮華経と唱えるのは決定的である。そうであるから、花は根にかえり、その精は土にとどまるように、この功徳《くどく》は、故《こ》・道善房《どうぜんぼう》の聖霊《しょうりょう》の御身《おんみ》に集まるであろう。

道善房《どうぜんぼう》は、十二歳の日蓮大聖人《にちれんだいしょうにん》が安房国《あわのくに》（千葉県南部）の清澄寺《せいちょうじ》に入門された時の師匠でした。ところが、大聖人が立宗《りっしゅう》宣言された後は、その教えが正しいと心を寄せていたものの、臆病《おくびょう》ゆえに、権力からの迫害《はくがい》を恐れ、念仏《ねんぶつ》の信仰を捨てきれないまま亡《な》くなってしまったのです。

しかし、大聖人《だいしょうにん》は、万人救済《ばんにんきゅうさい》の道を開くことができたのは、旧師《きゅうし》・道善房《どうぜんぼう》のおかげであると、弟子として報恩《ほうおん》の心をつづられています。そして、本抄《ほんしょう》を結ばれるにあたって、大聖人は、唯一の万人成仏《ばんにんじょうぶつ》の法である「南無妙法蓮華経」が、日本中で唱えられることは間違いないとの御確信を示され、この広宣流布《こうせんるふ》の大功徳《だいくどく》が道善房にかえることを、譬《たと》えを用《もち》いて述《の》べられます。

花が咲き終わったら、その栄養や成分が根に戻り、土に残るように、すべての人の幸福の道を開いた大聖人《だいしょうにん》の妙法流布《みょうほうるふ》の絶大な功徳《くどく》は、道善房《どうぜんぼう》の身に集まる――弟子の命《いのち》懸《が》けの闘争《とうそう》が、すべて師匠への報恩《ほうおん》になるという真実の弟子の道を、大聖人御自身が示されているのです。

私の勝利が師匠への報恩《ほうおん》。この心で広宣流布《こうせんるふ》の実践を貫《つらぬ》く中に、真《しん》の幸福があるのです。

池田大作先生の指導から

御書に「師匠《ししょう》は大地であり、弟子《でし》は草木《そうもく》である」（全九〇〇ジペー・新一二一〇ジペー、趣意）と仰《おお》せです。

弟子が咲《さ》かせた勝利の花は、必《かなら》ず大地に還《かえ》り、師匠の福徳《ふくとく》となる。そして、その師弟《してい》の大地から、また新《あら》たな勝利の花が咲き薫《かお》ることも、これまた疑《うたが》う余地《よち》がありません。

私もまた、その確信《かくしん》で今日《こんにち》まで六十一年間、戸田先生にお仕《つか》え申《もう》し上《あ》げてきました。

今も、一日また一日、新たな決意《けつい》で戸田先生にお応《こた》えしようと戦っています。だから何があっても恐《おそ》れません。

戸田先生は、常々《つねづね》「名誉ある弟子をもつことは、師にとって最大の幸福だ」と語《かた》られていました。私は、その戸田先生が、莞爾《かんじ》として私の行動《こうどう》を喜《よろこ》んでくださると確信します。

（『希望の経典「御書」に学ぶ　3』）

一《いっ》生《しょう》成《じょう》仏《ぶつ》抄《しょう》

（新三一六ページ〜三一八ページ）
（全三八三ページ〜三八四ページ）

"On Attaining Buddhahood in This Lifetime"

誰人《たれびと》も、皆、仏《ほとけ》になれる。しかも、この身そのままで、仏になれる。そして、何よりも、この一生のうちに、必ず仏になれる。このすばらしき成仏《じょうぶつ》への道を明確に示されたのが、日蓮大聖人《にちれんだいしょうにん》の仏法です。（中略）広宣流布《こうせんるふ》の新たな前進の朝《あした》に、新出発の満々たる息吹《いぶき》をたたえて、「一生成仏抄《いっしょうじょうぶつしょう》」を学び合いたい。

（「一生成仏抄」講義、『池田大作全集 34』収録）

本抄について

御執筆《ごしっぴつ》の時期《じき》や与えられた人は定《さだ》かではありませんが、立宗《りっしゅう》から間もない建長《けんちょう》七年（一二五五年）ごろ、下総国《しもうさのくに》（千葉県北部等）の富木常忍《ときじょうにん》に与えられたとされています。

題号の「一生成仏《いっしょうじょうぶつ》」とは、凡夫《ぼんぷ》が、この一生のうちに成仏するということです。

本抄《ほんしょう》では、日蓮大聖人《にちれんだいしょうにん》の仏法の根幹《こんかん》である「唱題行《ぎょう》」の意義を、法理と実践の両面から明かされ、唱題行こそが、成仏《じょうぶつ》の直道《じきどう》であることを示されます。

苦悩に満ちた生死《しょうじ》の流転《るてん》を止《とど》め、一生のうちに成仏《じょうぶつ》の境涯《きょうがい》を得るためには、「衆生本有《しゅじょうほんぬ》の妙《みょう》理《り》」、つまり、あらゆる生命に本来具《そな》わっている妙理を自身の生命の中にみていくべきであると示され、この妙理こそ「南無妙法蓮華経」であると明かされます。

そして、自身が妙法《みょうほう》の当体《とうたい》であるとの「深き信」と、「持続の唱題」によって、必ず一生成仏《いっしょうじょうぶつ》を成《な》し遂《と》げることができると仏道《ぶつどう》修行の心構えを教えられています。

ただし、妙法蓮華経と唱《とな》え持《たも》つというとも、もし己心《こしん》の外《ほか》に法ありと思《おも》わば、全《まった》く妙法にあらず、麤法《そほう》なり。

（新三一六ジペー・全三八三ジペー）

ただし妙法蓮華経と唱《とな》え持《たも》っているといっても、もし、自分の生命の外《ほか》に法があると思うなら、それはまったく妙法ではなく、麤法《そほう》（不完全な法）です。

日蓮大聖人《にちれんだいしょうにん》は、すべての人が一生成仏《いっしょうじょうぶつ》を実現しゆく方途《ほうと》として、南無妙法蓮華経の「唱題行《ぎょう》」を確立されました。私たちは、「いつでも」「どこでも」「誰でも」実践できる唱題によって、妙《みょう》法《ほう》の無限の力《ちから》を自身の胸中《きょうちゅう》に呼び現《あらわ》すことができるのです。

この唱題行《ぎょう》の実践にあたり忘れてはならないことは、「妙法蓮華経とは自分自身のことである」との一点です。

「妙法蓮華経」とは、私たちに本来具《そな》わる仏《ほとけ》の生命にほかなりません。ゆえに、大聖人《だいしょうにん》は、たとえ題目を唱えていたとしても、「自身の生命の外《ほか》に法がある」と思っていては、麤法《そほう》（不完全な法）を信じていることになると厳しく戒《いまし》められています。

たとえば、悩みの原因を他人や環境のせいにしてしまうことも「己心《こしん》の外《ほか》に法あり」とする生き方といえるでしょう。これでは、たとえ題目を唱えていたとしても妙法《みょうほう》を信じていることにはならず、根本的《こんぽんてき》な問題解決もできません。

大事なことは、「自身の一念《いちねん》を指して妙法蓮華経と名づけているのだ、と深く信心を起こすべきである」（新三一六ページ・全三八三ページ、通解）との仰《おお》せ通り、「自身の胸中《きょうちゅう》に法あり」と信じて題目を唱えることです。この確信の題目によって、自分自身の無限の可能性を開き、すべてを幸福の方向へと転換《てんかん》しゆくことができるのです。

池田大作先生の指導から

地道《じみち》にして堅実《けんじつ》な青春の一歩ほど、強いものはありません。背伸《せの》びをして焦《あせ》る必要などない。ましてや、人と比《くら》べて自信をなくし、最《もっと》も尊貴《そんき》な仏《ほとけ》の生命を持った自分を卑下《ひげ》しては、断《だん》じてなりません。

今いるその場所で、題目を朗々《ろうろう》と唱《とな》え、ありのままの自分自身を妙法蓮華《みょうほうれんげ》の当体《とうたい》と光らせながら、失敗を恐《おそ》れず伸び伸びと、前へ前へ進んでいけばよい。

（「聖教新聞」二〇一三年九月十日付「世界池田華陽会大会へのメッセージ」）

仏《ほとけ》の名《みな》を唱《とな》え、経巻《きょうがん》をよみ《読》、花《はな》をちらし《散》、香《こう》をひ《拈》ねるまでも、皆《みな》、我《わ》が一念《いちねん》に納《おさ》めたる功徳《くどく》・善《ぜん》根《こん》なりと信心を取るべきなり。

（新二一七㌻・全三八三㌻）

仏《ほとけ》の名を唱《とな》え、経巻《きょうかん》を読み、花《はな》を供《そな》え、香《こう》をたくことまでも、すべて自分自身の一念《いちねん》に功《く》徳《どく》・善根《ぜんこん》として納《おさ》まっていくのである、と信心を起こしていきなさい。

日蓮大聖人《にちれんだいしょうにん》の仏法の実践は、〝自分の中に仏《ほとけ》の生命がある〟と自覚するところから出発します。その信心に立って題目を唱え、自分自身の人間革命に挑戦し続けることによって、間違いなく幸福の軌道《きどう》を歩むことができるのです。

ここでは、「信心の一念《いちねん》」によって、一切《いっさい》が幸福の因《いん》となることを教えられ、御本尊《ごほんぞん》を讃嘆《さんたん》し、供養《くよう》する行動は、どんな小さなことも、すべて功徳善根《くどくぜんこん》（功徳の因となる善の行為）となって、自身の胸中《きょうちゅう》に積まれると示されています。

反対に、たとえ数え切れないほどの仏道《ぶつどう》修行を実践しても、自身の生命に具《そな》わる仏性《ぶっしょう》を信じられず、自分の外に幸福を求めてしまえば、無明《むみょう》から起こる生命の迷いに紛動《ふんどう》されるばかりで、「無量《むりょう》の苦行《くぎょう》」（新三一七ページ・全三八三ページ）となってしまいます。

大切なのは、「すべてが自分自身の福運《ふくうん》となる」と確信し、喜び勇《いさ》んで広宣流布《こうせんるふ》のための実践を重ねることです。私たちに即《そく》して言えば、勤行・唱題はもとより、会合に参加することやメンバーを訪問、激励すること、そして友の幸福を願い仏法を語ることなど、学会活動のすべてが、自身を最高に輝《かがや》かせゆく福徳《ふくとく》となります。

自行化他《じぎょうけた》の実践に励む中で、自身の崩《くず》れざる幸福の土台は築かれるのです。

池田大作先生の指導から

皆さんが、友のために懸命《けんめい》に題目を唱《とな》え、行動《こうどう》する。学会活動に励《はげ》む。これほど尊《とうと》いことはない。日蓮大聖人《にちれんだいしょうにん》が御賞讃《ごしょうさん》くださることは、絶対《ぜったい》に間違《まちが》いない。また現実の生活の上にも、厳然《げんぜん》たる功徳《くどく》の実証《じっしょう》が現《あらわ》れる。

他人《たにん》が見ていようが見ていまいが、そんなことは小さなことである。

広布《こうふ》に生《い》き抜《ぬ》く人生には、何《なん》の悔《く》いも残《のこ》らない。すべての苦労《くろう》が生かされていく。勝利の因《いん》となる。堂々《どうどう》と、誉《ほま》れの学会員として、私と一緒《いっしょ》に戦っていこう！　（『華陽の誓い』）

「衆生《しゅじょう》の心けが《汚》るれば土《ど》もけがれ、心清《きよ》ければ土も清し」とて、浄土《じょうど》といい穢土《えど》というも、土に二《ふた》つの隔《へだ》てなし、ただ我《われ》らが心の善悪《ぜんあく》によると見えたり。衆生というも仏《ほとけ》というも、またかくのごとし。迷う時は衆生と名《な》づけ、悟《さと》る時をば仏と名づけたり。

（新三一七ページ・全三八四ページ）

浄名経《じょうみょうきょう》には「人々の心がけがれれば、人々が住む国土もけがれ、人々の心が清ければ国土も清い」とあります。すなわち、浄土《じょうど》といっても穢土《えど》といっても、二つの別々の国土があるわけではなく、ただそこに住む私たちの心の善悪《ぜんあく》によって違いが現《あらわ》れると説《と》かれているのです。衆生《しゅじょう》といっても仏《ほとけ》といっても、またこれと同じです。迷っている時には衆生と名づけ、悟《さと》った時には仏と名づけるのです。

自分が変われば環境をも変えていくことができる――日蓮《にちれん》仏法は、どこまでも現実変革の宗教です。ここでは、いかなる環境も、私たちの心一つで変えられることを教えられています。どんな苦悩の渦中《かちゅう》にあっても、自身の心の変革によって、暗闇に太陽が昇《のぼ》るように幸福を開いていくことができるのです。

日蓮大聖人《にちれんだいしょうにん》は、浄土《じょうど》（清《きよ》らかな仏《ほとけ》の世界）であるか、穢土《えど》（煩悩《ぼんのう》でけがれている凡夫《ぼんぷ》の世界）であるかは、「場所」ではなく衆生《しゅじょう》の「心の善悪《ぜんあく》」によって決まると仰《おお》せです。

さらに、「衆生《しゅじょう》」と「仏《ほとけ》」の違いも、私たち自身の心の「迷い」と「悟《さと》り」の違いにすぎないと述《の》べられます。自身の仏性《ぶっしょう》を信じることができず、幸・不幸の原因を心の外に求めるのが「迷い」です。自分の中にある無限の可能性を見《み》いだしゆくのが「悟り」です。自身の一念《いちねん》が妙法《みょうほう》であると定《さだ》めて「南無妙法蓮華経」と唱題すること、それ自体が、この「迷い」から「悟り」への生命変革の方途《ほうと》なのです。ゆえに、題目を唱える実践こそが、最高の仏道《ぶつどう》修行であり、一切《いっさい》を幸福の方向へと前進させていく原動力となります。

日々の唱題を根本《こんぽん》に、今いる場所で、幸福の土台を築いていきましょう。

池田大作先生の指導から

「わが一念《いちねん》の変革」が、すべての変革の鍵《かぎ》なのです。これが「人間革命」です。

そして、誰《だれ》にでも、その変革の力《ちから》が具《そな》わっている。この生命の真実に気づけば、いつでも、どこでも、どのような状況《じょうきょう》にあっても、その力を現実に開き顕《あらわ》していくことができます。

（「一生成仏抄」講義、『池田大作全集 34』収録）

譬《たと》えば、闇鏡《あんきょう》も磨《みが》きぬれば玉《たま》と見《み》ゆるがごとし。只今《ただいま》も、一念無明《いちねんむみょう》の迷心《めいしん》は磨かざる鏡《かがみ》なり。これを磨かば、必ず法性真如《ほっしょうしんにょ》の明鏡《みょうきょう》と成《な》るべし。深く信心を発《おこ》して、日夜朝暮《にちやちょうぼ》にまた懈《おこた》らず磨くべし。いかようにしてか磨くべき。ただ南無妙法蓮華経と唱《とな》えたてまつるを、これをみがく《磨》とはいうなり。

（新三一七㌻・全三八四㌻）

たとえば、映《うつ》りの悪い鏡《かがみ》も磨《みが》いたなら、輝《かがや》く玉のように見えるようなものです。今の衆生《しゅじょう》の一念《いちねん》は、無明《むみょう》に覆《おお》われた迷いの心であり、いわばまだ磨いていない鏡です。これを磨けば必ず、真実の悟《さと》りの生命となり、よく映る明鏡《めいきょう》となるのです。

深く信心を起こして、昼も夜も朝も夕も怠《おこた》ることなく磨くべきです。では、どのようにして磨けばいいのでしょうか。ただ南無妙法蓮華経と唱《とな》えること、これが磨くということなのです。

すべての人に本来具《そな》わる仏《ほとけ》の生命を万人《ばんにん》が現《あらわ》す方途《ほうと》こそ、日蓮大聖人《にちれんだいしょうにん》が初めて明かされた南無妙法蓮華経の唱題行《ぎょう》です。大聖人は、鏡《かがみ》の譬《たと》えを用《もち》いて、映《うつ》りの悪い鏡も磨《みが》けば美しく輝《かがや》くように、自他《じた》の生命に具わる仏性《ぶっしょう》を信じられない「無明《むみょう》」に覆《おお》われた迷いの生命も、題目を唱えることによって磨かれ、仏の生命を輝かせていくことができると仰《おお》せです。

そして、この唱題行《ぎょう》を実践するための心構えとして二つ挙《あ》げられています。

まず、「深く信心を発《おこ》して」――いくら唱題を重ねても、疑いを抱いた弱い心では御本尊《ごほんぞん》の功《く》力《りき》を現《あらわ》すことはできません。自分自身が妙法《みょうほう》そのものであると深く信じ、強い確信をもって題目を唱えていくことで、生命の迷いが打ち破《やぶ》られ、胸中《きょうちゅう》の仏性《ぶっしょう》が輝《かがや》き出すのです。

そして、「日夜朝暮《にちやちょうぼ》にまた懈《おこた》らず磨《みが》くべし」――生命は磨かなければ無明《むみょう》に覆《おお》われたままです。日々、勤行・唱題を実践し、自身の生命を磨き続けていくことが大切です。

何があっても粘《ねば》り強く、「苦楽《くらく》ともに思い合《あ》わせて南無妙法蓮華経」（新一五五四㌻・全一一四三㌻）と祈り抜く不退転《ふたいてん》の信心こそ、揺《ゆ》るがない幸福の基盤となるのです。

池田大作先生の指導から

題目は「前進」の力《ちから》です。題目は「勝利」の力です。あらゆる戦いは、まず祈ることから始まります。題目を唱えぬいた人には、誰《だれ》もかないません。

私たちは、どこまでも日夜朝暮《にちやちょうぼ》にたゆまず題目を唱えながら、わが生命を鍛《きた》えぬいて、勝利また勝利の人生を築き上げていこうではありませんか。（「一生成仏抄」講義、『池田大作全集 34』収録）

如《にょ》説《せつ》修《しゅ》行《ぎょう》抄《しょう》

（新五九九ページ〜六〇五ページ）
（全五〇一ページ〜五〇五ページ）

"On Practicing the Buddha's Teachings"

「師匠《ししょう》の仰《おお》せのまま」に、苦難《くなん》に臆《おく》さず理想のために戦う
仏弟子《ぶつでし》の生き方を教えられたのが本抄《ほんしょう》です。
「師弟不二《していふに》の書《しょ》」ともいうべきこの重書《じゅうしょ》を、
ただただ末法万年《まっぽうまんねん》の広布《こうふ》のために、
未来《みらい》永遠の創価の勝利のために、
魂《たましい》に刻《きざ》みつけて拝《はい》してまいりたい。

（『勝利の経典「御書」に学ぶ　5』）

本抄について

文永《ぶんえい》十年（一二七三年）五月、佐渡《さど》・一谷《いちのさわ》で認《したた》められました。日蓮大聖人《にちれんだいしょうにん》は命に及《およ》ぶ迫害《はくがい》の中で、「開目抄《かいもくしょう》」「観心本尊抄《かんじんのほんぞんしょう》」を御執筆《ごしっぴつ》なさり、民衆救済《きゅうさい》の仏法の骨格を確立されました。続いて本抄《ほんしょう》を、さらに「顕仏未来記《けんぶつみらいき》」を著《あらわ》され、万年《まんねん》にわたる広宣流布《こうせんるふ》を門下《もんか》へ託《たく》されます。

題号の「如説《にょせつ》修行」とは、「仏《ほとけ》の説《せつ》の如《ごと》く修行する」との意味です。釈尊《しゃくそん》の説の通りに修行することであり、より深い次元では、末法《まっぽう》の御本仏《ごほんぶつ》である大聖人《だいしょうにん》の教えのままに実践することです。ゆえに「如説」とは、弟子の立場から言えば「師の説の如く」と拝《はい》することができます。

大聖人《だいしょうにん》は本抄《ほんしょう》で、自《みずか》らの如説《にょせつ》修行の姿を通して真実の仏法の師の戦いを示され、弟子に対して、今こそ不惜《ふしゃく》の闘争《とうそう》に立ち上がるよう呼びかけられています。

真実の法華経《ほけきょう》の如説修行《にょせつしゅぎょう》の行者《ぎょうじゃ》の師弟《してい》・檀那《だんな》とならんには、三類《さんるい》の敵人決定《てきじんけつじょう》せり。されば、この経《きょう》を聴聞《ちょうもん》し始《はじ》めん日より思い定《さだ》むべし。「況滅度後《きょうめつどご》（いわんや滅度して後《のち》をや）」の大難《だいなん》の三類甚《はなは》だしかるべしと。しかるに、我《わ》が弟子《でし》等の中にも、兼《か》ねて聴聞せしかども、大小の難来《なんきた》る時は、今始《いまはじ》めて驚《おどろ》き、肝《きも》をけして信心を破《やぶ》りぬ。

（新五九九ジペー・全五〇一ジペー）

真実の法華経《ほけきょう》の如説《にょせつ》修行の行者《ぎょう》として師となり、その弟子《でし》檀那《だん》となるならば、三類《さんるい》の敵人《てきじん》が必ず現《あらわ》れます。

そうであるからこそ「この法華経を聞き、信心を始めた日から覚悟を決めなさい。法華経に『ましてや、釈尊《しゃくそん》の滅後《めつご》はなおさらである（況滅度後《きょうめつどご》）』とある通り、三類の敵人による大難《だいなん》が激しいであろう」と言ってきたのです。ところが私の門下《もんか》の中にも、以前からそう聞いておきながら、いざ大小の難が起こってくると、今になって初めて気づいたかのように驚き、肝《きも》をつぶして信心を破《やぶ》ってしまった者《もの》がいます。

広宣流布《こうせんるふ》は、仏《ほとけ》と魔《ま》との連続闘争《とうそう》です。

日蓮大聖人《にちれんだいしょうにん》は本抄《ほんしょう》の冒頭で、末法《まっぽう》において法華経《ほけきょう》を信じる人には、釈尊在世《しゃくそんざいせ》よりも激しい大難《だいなん》が起こることを明らかにされています。そして、ひとたび仏法を聞き、真実の法華経の行者《ぎょうじゃ》である大聖人の弟子となった以上、三類《さんるい》の強敵《ごうてき》の出現は必然であると覚悟を決めなさいと仰《おお》せです。

大聖人《だいしょうにん》が遭《あ》われた数々の大難《だいなん》こそ、経文《きょうもん》通りであり、大聖人こそが如説《にょせつ》修行の行者《ぎょうじゃ》であるとの証《あか》しです。この〝正しき師〟に連《つら》なり、仏法を実践する人が続かなければ、広宣流布《こうせんるふ》は途絶《とだ》えてしまいます。末法《まっぽう》流布においては、師と同じ民衆救済《きゅうさい》の深い精神に立つ〝真《しん》の弟子〟の出現が、何よりも重要なのです。

ゆえに、大聖人《だいしょうにん》は〝まことの時に臆病《おくびょう》になり、覚悟が揺《ゆ》らいではならない〟と、今こそ不退転《ふたいてん》の信心を貫《つらぬ》くよう、門下《もんか》へ厳愛の指導を送られます。師弟不二の信心があれば、どんな障魔《しょうま》も乗り越えていける――この確信こそ如説《にょせつ》修行の根本《こんぽん》です。

池田大作先生の指導から

如説修行《にょせつしゅぎょう》に徹《てっ》すれば、必《かなら》ず壁《かべ》は破《やぶ》れる。如説修行とは、要《よう》するに師の心に直結《ちょっけつ》する不二《ふに》の実践《じっせん》です。師匠《ししょう》の広大《こうだい》な境涯《きょうがい》に触《ふ》れて、勝利できないわけがない。師弟《してい》に徹すれば、無限の力《ちから》が湧《わ》いてくるからです。（『勝利の経典「御書」に学ぶ 5』）

万民《ばんみん》一同《いちどう》に南無妙法蓮華経と唱《とな》え奉《たてまつ》らば、吹《ふ》く風《かぜ》枝《えだ》をなら《鳴》さず、雨《あめ》壌《つちくれ》を砕《くだ》かず、代《よ》は羲《ぎ》・農《のう》の世《よ》となりて、今生《こんじょう》には不祥《ふしょう》の災難《さいなん》を払《はら》い、長生《ちょうせい》の術《じゅつ》を得《え》、人法《にんぽう》共《とも》に不老不死《ふろうふし》の理《ことわり》顕《あらわ》れん時を、各々《おのおの》御覧《ごらん》ぜよ。「現世《げんぜ》安穏《あんのん》」の証文《しょうもん》、疑《うたが》いあるべからざるものなり。

（新六〇一ページ・全五〇二ページ）

すべての人々が同じく、南無妙法蓮華経と唱えるなら、吹く風は枝《えだ》をならさず、雨は優しく降って土を砕《くだ》かず、時代は理想とうたわれた伏羲《ふっき》・神農《しんのう》のような世となって、今世《こんぜ》では不幸な災難《さいなん》を払《はら》い長寿の方法を得て、人も法も共に不老不死《ふろうふし》の姿が現実となる時を、おのおのご覧《らん》なさい。「現世《げんぜ》は安穏《あんのん》」という経《きょう》文《もん》に何の疑いもないのです。

日蓮大聖人《にちれんだいしょうにん》は、本抄《ほんしょう》において、「今に至《いた》るまで軍《いくさ》やむことなし」（新六〇〇ページ・全五〇二ページ）と、一切衆生《いっさいしゅじょう》の幸福を願い、ただお一人で「妙法《みょうほう》」の旗を掲げ、折伏《しゃくぶく》の戦いを貫《つらぬ》いてきたと述《の》べられています。

この闘争《とうそう》により、「すべての人々が同じく、南無妙法蓮華経と唱える」つまり、万人《ばんにん》が「妙法《みょうほう》」を受け入れ、妙法を根本《こんぽん》とする社会が築かれ、その暁《あかつき》には、「現世安穏《げんぜあんのん》」の世の中が必ず実現すると御断言です。

「現世安穏《げんぜあんのん》」の世の中では、「吹《ふ》く風枝《かぜえだ》をな《鳴》らさず、雨壌《あめつちくれ》を砕《くだ》かず」と仰《おお》せの通り、古代中国の伝説上の世《よ》のような、理想的な平和社会を築くことができると示されています。そして、「人《にん》法共《ぼうとも》に不老不死《ふろうふし》」――妙法《みょうほう》の働きが衰《おとろ》えることなく一切《いっさい》に及《およ》ぼされ、人々は老いの苦しみ、死の苦しみに負けない境涯《きょうがい》を確立できることを教えられています。

妙法《みょうほう》を根底《こんてい》とした世界にあっては、いかなる災難《さいなん》も、生死《しょうじ》の苦しみも、妙法への確信にあふれた一人一人の存在によって、必ず幸福の方向に転換《てんかん》していくことができるのです。

私たちが、広宣流布《こうせんるふ》を目指し仏法を語り弘《ひろ》めることは、自身の幸福と共に、社会の「現世安穏《げんぜあんのん》」をも実現する偉大な挑戦なのです。

池田大作先生の指導から

「現世安穏《げんぜあんのん》」といっても、決して彼方《かなた》の理想社会にのみあるものではありません。法華経《ほけきょう》の教えの通りに、「自他共《じたとも》の幸福」と「平和安穏の国土」の実現を目指《めざ》して戦う如説修行《にょせつしゅぎょう》の行者《ぎょうじゃ》の境《きょう》涯《がい》そのものが、実《じつ》は既《すで》に「現世安穏」なのです。（『勝利の経典「御書」に学ぶ 5』）

詮《せん》ずるところ、仏法を修行《しゅぎょう》せんには人の言《ことば》を用《もち》いるべからず。ただ仰《あお》いで仏《ほとけ》の金言《きんげん》をまぼる《守》べきなり。

（新六〇一㌻・全五〇二㌻）

結論として、仏法を修行するにあたっては、人の言葉を用《もち》いてはいけません。ただ仏《ほとけ》の金言《きんげん》を仰《あお》いで、守るべきです。

末法《まっぽう》において本当の「信」のあり方は、「ただ法華経《ほけきょう》のみを信じる」という仏意《ぶっい》に適《かな》った姿勢です。しかし、日蓮大聖人《にちれんだいしょうにん》の御在世《ございせ》当時、多くの学者らは、〝仏《ほとけ》が説《と》いた経《きょう》であるならば、成仏《じょうぶつ》へと導《みちび》くものであるから、どの教えも法華経と同じである〟と論《ろん》じ、人々を惑《まど》わせていました。大聖人は、この迷いを打ち破《やぶ》り、法華経への正しい「信」を打ち立てるためには、「人の言葉」ではなく、「仏の金言《きんげん》」を根本《こんぽん》とするべきであると戒《いまし》められます。

ここでいう「人の言葉」とは、当時の仏教の僧《そう》たちの言葉を指します。釈尊の真意《しんい》に背《そむ》くこれらの人師《にんし》の言葉に惑《まど》わされ、仏《ほとけ》自身の言葉を正しく信じることができなければ、結局は成仏《じょうぶつ》の軌《き》道《どう》から外《はず》れてしまいます。ゆえに、大聖人《だいしょうにん》は本抄《ほんしょう》で、「仏の金言《きんげん》」、すなわち仏の真意が明かされた経文《きょうもん》を数多く引用され、一切衆生《いっさいしゅじょう》が幸福になるためには、究極《きゅうきょく》の生命尊厳《そんげん》、人間尊敬の原理と実践が説《と》かれた法華経《ほけきょう》を信受《しんじゅ》する以外にないと教えられています。

そして、仏《ほとけ》の言葉をかがみとして寸分《すんぶん》も違《たが》うことなく、断固たる信心を立てる人が、「如説修《にょせつ》行の行者《ぎょうじゃ》」であると示されます。私たちに置き換えて言うならば、経文《きょうもん》通り、御書の通り、さらには、大聖人《だいしょうにん》の御精神のままに広宣流布《こうせんるふ》の指揮を執《と》られる創価の師匠の指導通りに生き抜くことが、正しき信心修行の道なのです。

池田大作先生の指導から

創価学会は、「日蓮大聖人《にちれんだいしょうにん》が如《ごと》く」そして「牧口先生が如く」「戸田先生が如く」の精神で進み、発展してきた。師弟不二《していふに》を目指《めざ》す実践《じっせん》があったからこそ、広宣流布《こうせんるふ》が進んできたのです。

「弟子《でし》の道」という観点から言えば、一切《いっさい》の諸仏《しょぶつ》もまた、根源《こんげん》の「法」を師匠《ししょう》として仏《ほとけ》となったのですから、「法」の前では「弟子」です。

釈尊《しゃくそん》も、絶《た》えず自身の胸中《きょうちゅう》の「法」に基《もと》づいて行動《こうどう》した。（中略）

大聖人御自身《だいしょうにん》が、法華経《ほけきょう》の経文《きょうもん》どおりの如説修行《にょせつしゅぎょう》の在《あ》り方を、身をもって門下《もんか》に教えてくださった。弟子の道とは、如説修行の道です。師の教えのままに行動しぬくことです。

（「御書の世界　下」、『池田大作全集　33』収録）

顕《けん》仏《ぶつ》未《み》来《らい》記《き》

（新六〇六ページ～六一二ページ）
（全五〇五ページ～五〇九ページ）

"On the Buddha's Prophecy"

「顕仏未来記《けんぶつみらいき》」は、私の大好きな御書です。
「仏《ほとけ》が予見《よけん》した世界広宣流布《こうせんるふ》を実現《じつげん》せん」との日蓮大聖人《にちれんだいしょうにん》の
広大《こうだい》なる御境涯《ごきょうがい》を拝《はい》することができるからです。（中略）
大聖人直結《ちょっけつ》の学会精神《せいしん》の源流《げんりゅう》は、
この一書《いっしょ》にあると言っても過言《かごん》ではありません。

（『希望の経典「御書」に学ぶ　1』）

本抄について

文永《ぶんえい》十年（一二七三年）閏《うるう》五月十一日、日蓮大聖人《にちれんだいしょうにん》が佐渡流罪《さどるざい》という死罪にも値《あたい》する迫害《はくがい》の中で、門下一同《もんかいちどう》に与えられたと考えられている重書《じゅうしょ》です。

題号の「仏《ほとけ》の未来記を顕《あらわ》す」とは、「未来を予見《よけん》して記《しる》した仏の言葉を実現する」という意味です。

「仏《ほとけ》の未来記」とは、釈尊《しゃくそん》の未来記を指しますが、本抄《ほんしょう》の元意《がんい》は、末法《まっぽう》の御本仏《ごほんぶつ》であられる大《だい》聖人《しょうにん》の未来記を明かすことにあります。

まず、大聖人《だいしょうにん》こそが、「広宣流布《こうせんるふ》を断絶《だんぜつ》させてはならない」との仏勅《ぶっちょく》の通りに、釈尊《しゃくそん》の未来記である末法《まっぽう》の広宣流布を実現させた法華経《ほけきょう》の行者《ぎょうじゃ》であることが示されます。

さらに、大聖人《だいしょうにん》御自身の未来記として、「仏法西還《せいかん》」すなわち、南無妙法蓮華経の大法《だいほう》が世界中に弘《ひろ》まっていくと、力強《ちからづよ》く宣言されています。

月《つき》は西《にし》より出《い》でて東《ひがし》を照《て》らし、日《ひ》は東より出でて西を照らす。仏法もまたもってかくのごとし。正像《しょうぞう》には西より東に向《む》かい、末法《まっぽう》には東より西に往《ゆ》く。

（新六一〇ジペー・全五〇八ジペー）

月は西から出て東を照らし、日は東から出て西を照らす。仏法もまた同じです。正法《しょうほう》並びに像法《ぞうほう》時代には西のインドから東へ伝わり、末法《まっぽう》においては、東の日本から西へ流布《るふ》していくのです。

末法《まっぽう》の御本仏《ごほんぶつ》としての〝日蓮大聖人《にちれんだいしょうにん》の未来記〟が明かされた一節《いっせつ》です。

〝月は西から出て東を照らし〟――「月」は釈尊《しゃくそん》の仏法を意味します。釈尊の仏法は、インドから中国、韓・朝鮮半島、日本へと西から東へ伝わってきました。これを「仏法東漸《とうぜん》」と言います。

ところが、釈尊《しゃくそん》の仏法は時代とともに形骸化《けいがいか》し、末法《まっぽう》においては、すでに民衆救済《きゅうさい》の力《ちから》を失っていたのです。

だからこそ、〝日は東から出て西を照らす〟――大聖人《だいしょうにん》の太陽の仏法が、東の日本から中国、インドへと西に還《かえ》り、世界中に弘《ひろ》まっていかねばなりません。

ここには、今こそ末法《まっぽう》の民衆を根本《こんぽん》から救うのだとの、大聖人《だいしょうにん》のあふれんばかりの御確信が込められています。

続く御文《ごもん》では、「仏法必ず東土《とうど》の日本より出《い》ずべきなり」（新六一一ジペー・全五〇八ジペー）と述《の》べられます。「仏法西還《せいかん》」こそが大聖人《だいしょうにん》の未来記であり、末法万年《まっぽうまんねん》にわたって全世界の一切《いっさい》の民衆の幸福の道を開きゆかんとの誓いの大宣言です。

この太陽の仏法は今、ＳＧＩ（創価学会インタナショナル）の実践によって、世界中を照らしています。壮大な世界広宣流布《こうせんるふ》の時代に活躍できる私たちの使命を胸に、世界の華陽姉妹と共に弟子の誓いを果《は》たしていきましょう。

池田大作先生の指導から

創価の地涌《じゆ》の大行進《だいこうしん》は、まさに、我《われ》らの住む全地球が舞台《ぶたい》となりました。御聖訓《ごせいくん》に云《いわ》く、「日は東より出《い》でて西を照《てら》す仏法も又以《またもっ》て是《か》くの如《ごと》し」（全五〇八ジペー・新六一〇ジペー）と。仏法の人間主義の太陽は天空《てんくう》に昇《のぼ》り、世界を燦々《さんさん》と照《て》らし始めました。創価の未曽有《みぞう》の前進によって、「仏法西還《せいかん》」は現実のものとなったのです。（『勝利の経典「御書」に学ぶ　17』）

伝持《でんじ》の人無《な》ければ、なお木石《ぼくせき》の衣鉢《えはつ》を帯持《たいじ》せるがごとし。

（新六一〇ジペー・全五〇八ジペー）

（経典《きょうてん》があっても）仏法を持《たも》ち、伝えていく人がいないので、それはちょうど木や石の像が法衣《ほうえ》を着、鉢《はち》を持っているようなもので、何の役にも立っていません。

ここでは、世界広布《こうふ》の流れを永遠ならしめるために、後継者の存在がいかに大切であるかを教えられています。

どんなに偉大な仏法であっても、伝える人がいなければ、人々の幸福を実現することはできません。日蓮大聖人《にちれんだいしょうにん》は、そのことを、動くことも話すこともできない木や石でできた像が、後継者の印《しるし》である法衣《ほうえ》を着て鉢《はち》を持っているようなもので、何の意味もないと述《の》べられています。

大事なことは、目の前の「一人」の無限の可能性を開くため、自《みずか》ら行動を起こすことです。大聖人《だいしょうにん》の仏法が未来永遠に受け継《つ》がれ、社会の繁栄《はんえい》と世界の平和を実現しゆく――そのためには、どこまでいっても「法」を弘《ひろ》める「人」が必要です。すなわち、私たち学会員こそ、広宣流《こうせんる》布《ふ》の最重要の存在なのです。

〝未来を担《にな》うのは私たち！〟との誓いも新たに、一人一人が師弟不二の信心を貫《つらぬ》き、信心の後継者へと成長していきましょう。

池田大作先生の指導から

広宣流布《こうせんるふ》とは、妙法《みょうほう》の大光《たいこう》を永遠ならしめ、あらゆる人を救《すく》いきっていく戦いです。当然、それは、一代《いちだい》の生涯《しょうがい》だけでできる仕事《しごと》ではありえません。「一切衆生皆成仏道《いっさいしゅじょうかいじょうぶつどう》」という法華経《ほけきょう》の根《こん》本目的《ぽんもくてき》が、途絶《とぜつ》するようなことがあってはならないのです。

広宣流布という仏《ほとけ》の根本の願《ねが》いを実現するために、一人から一人へとバトンを渡《わた》すリレーのように、間違《まちが》いなく、この誓願《せいがん》をつなぐのが師弟《してい》です。正《ただ》しき「法」を継承《けいしょう》する師弟があってこそ初《はじ》めて、「広宣流布の大願《だいがん》」も現実のものとなるのです。（『勝利の経典「御書」に学ぶ　19』）

幸《さいわ》いなるかな、一生《いっしょう》の内《うち》に無始《むし》の謗法《ほうぼう》を消滅《しょうめつ》せんことを。悦《よろこ》ばしいかな、いまだ見聞《けんもん》せざる教主《きょうしゅ》釈尊《しゃくそん》に侍《つか》え奉《たてまつ》らんことよ。
願《ねが》わくは、我《われ》を損《そん》ずる国主《こくしゅ》等をば、最初にこれを導《みちび》かん。我を扶《たす》くる弟子《でし》等をば、釈尊にこれを申《もう》さん。我を生《う》める父母等には、いまだ死せざる已前《いぜん》にこの大善《だいぜん》を進《まい》らせん。

（新六一二ページ・全五〇九ページ）

なんと幸《さいわ》いなことでしょうか。この一生のうちに、無始《むし》以来の謗法《ほうぼう》の罪《つみ》を消滅《しょうめつ》できるとは。なんと喜ばしいことでしょうか。まだお会いしたことがない教主釈尊《きょうしゅしゃくそん》にお仕《つか》えすることができるとは。
願《ねが》わくは、私を亡《な》き者《もの》にしようとする国主《こくしゅ》らをまず最初に導《みちび》きましょう。私を助ける弟子たちのことを釈尊に申《もう》し上げましょう。私を生んだ父母には、自分が生きているうちに、この大《だい》善《ぜん》の功徳《くどく》を差し上げましょう。

立宗《りっしゅう》以来、法華経《ほけきょう》の行者《ぎょうじゃ》としての戦いを貫《つらぬ》かれる日蓮大聖人《にちれんだいしょうにん》に対し、襲《おそ》いかかる大難《だいなん》は激しさを増していました。流罪地《るざいち》の佐渡《さど》には、大聖人の命を狙《ねら》う念仏者《ねんぶつしゃ》などの敵が充満《じゅうまん》していたのです。
「今年今月、万が一も脱《のが》れ難《がた》き身命《しんみょう》なり」（新六一一ページ・全五〇九ページ）と仰《おお》せの通り、死と隣り合わせの厳しい状況にもかかわらず、大聖人《だいしょうにん》は「幸《さいわ》いなるかな」「悦《よろこ》ばしいかな」と、広宣流布《こうせんるふ》のために真剣に戦い抜くことによって自身の生命の罪障《ざいしょう》を消滅《しょうめつ》し、胸中《きょうちゅう》に一点の曇りもない仏界《ぶっかい》の生命を涌現《ゆげん》された歓喜《かんき》を述《の》べられています。

大聖人《だいしょうにん》はこの大境涯《だいきょうがい》に立たれ、「私の命を奪《うば》おうとした張本人《ちょうほんにん》である国主《こくしゅ》たちを真っ先に救おう」と、大慈悲《だいじひ》の宣言をなさいます。そして「わが弟子の戦いを仏《ほとけ》に報告しよう。父母に報恩《ほうおん》を尽くそう」とも仰《おお》せです。最大の苦難《くなん》の中にあってなお、一人も残らず、いかなる衆生《しゅじょう》も救うのだ、との大勝利宣言であると拝《はい》せます。この大境涯に連《つら》なり広布《こうふ》に生きる私たちこそ仏《ほとけ》の未来記の主人公である、との誇りを胸に、世界広布の大道《だいどう》を朗《ほが》らかに前進していきましょう。

池田大作先生の指導から

人間いかに生きるべきかを、最大の法難《ほうなん》の時に、むしろ、最大の法難の時だからこそ、全門下《ぜんもんか》にわが身を挺《てい》して教えられている。（中略）

その根本《こんぽん》は、一切《いっさい》の生きとし生けるものを仏《ほとけ》にしようとの誓願《せいがん》です。救《すく》わずにおられない。自分に縁《えん》したすべての人を幸福に、との誓願《せいがん》があられるからこそ、師《し》になり、親になり、主《あるじ》になって門下《もんか》を励《はげ》まさずにはいられないのです。いや、門下だけではない。迫害者《はくがいしゃ》をも導《みちび》こうとする大《だい》境涯《きょうがい》であられる。（「御書の世界　下」、『池田大作全集　33』収録）

種《しゅ》々《じゅ》御《おん》振《ふる》舞《まい》御《ご》書《しょ》

（新一二二五ページ〜一二四七ページ）
（全九〇九ページ〜九二五ページ）

“The Actions of the Votary of the Lotus Sutra”

「わが弟子《でし》に、何《なん》としても勝《か》ってもらいたい！」
「法華経《ほけきょう》の行者《ぎょうじゃ》の振《ふ》る舞《ま》いとは、境涯《きょうがい》とは、いかなるものか、
後世《こうせい》に示し残《のこ》しておきたい！」――そうした大聖人《だいしょうにん》の、
迸《ほとばし》るような熱《あつ》き思いが、本抄《ほんしょう》には込められていると、
拝《はい》されてなりません。

（「大白蓮華」2012年4月号
「勝利の経典『御書』に学ぶ」）

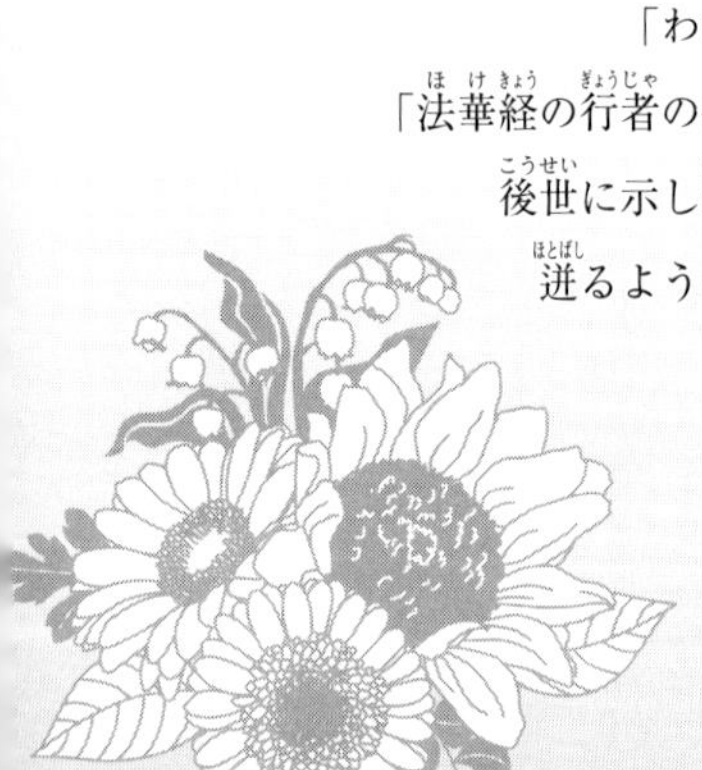

本抄について

建治《けんじ》二年（一二七六年）、日蓮大聖人《にちれんだいしょうにん》が身延《みのぶ》（山梨県南巨摩郡《みなみこまぐん》）で著《あらわ》されました。安房国《あわのくに》（千葉県南部）の女性門下《もんか》・光日尼《こうにちあま》に与えられたとされていましたが、詳しくは分かっていません。

本抄《ほんしょう》には、文永《ぶんえい》五年（一二六八年）から身延入山《みのぶにゅうざん》にいたるまでの、竜《たつ》の口《くち》の法難《ほうなん》、佐渡流罪《さどるざい》など、大聖人《だいしょうにん》の御生涯における最も熾烈《しれつ》な大難《だいなん》との御闘争《ごとうそう》と、御心情《ごしんじょう》が、臨場感《りんじょうかん》あふれる鮮烈《せんれつ》な叙述《じょじゅつ》でつづられています。

末法《まっぽう》において、南無妙法蓮華経の大法《だいほう》を弘通《ぐつう》すれば、大難《だいなん》が起こることは経文《きょうもん》に照らして間違いありません。しかし、「日蓮悦《にちれんよろこ》んで云《い》わく、本《もと》より存知《ぞんち》の旨《むね》なり」（新一二二六ジペー・全九一〇ジペー）との一節《いっせつ》に象徴《しょうちょう》されるように、大聖人《だいしょうにん》は、一切《いっさい》を覚悟の上で、万人救済《ばんにんきゅうさい》の戦いを開始されたのです。

このように、大難《だいなん》をも喜びとし、威風堂々《いふうどうどう》と妙法《みょうほう》の正義を語り抜かれる大聖人《だいしょうにん》の大境涯《だいきょうがい》が示されています。

わとう《和党》ども二陣《にじん》三陣つづきて、迦葉《かしょう》・阿難《あなん》にも勝《すぐ》れ、天台《てんだい》・伝教《でんぎょう》にもこえ《超》よかし。わずかの小島《こじま》のぬし《主》らがおど《脅》さんをおじ《怖》ては、閻魔王《えんまおう》のせめ《責》をばいかんがすべき。仏《ほとけ》の御使《おんつか》いとなのり《名乗》ながらおくせん《臆》は、無下《むげ》の人々《ひとびと》なりと申《もう》しふくめ《含》ぬ。

（新一二二七ページ・全九一一ページ）

わが一門《いちもん》の者《もの》たちは、二陣《にじん》、三陣と続いて、迦葉《かしょう》や阿難《あなん》にも勝《すぐ》れ、天台《てんだい》や伝教《でんぎょう》にも超《こ》えなさい。わずかばかりの小島である日本の国主《こくしゅ》らが脅《おど》すのを恐れては、閻魔王《えんまおう》の責《せ》めをどうするというのですか。仏《ほとけ》のお使いであると名乗りをあげておきながら臆《おく》するのは、話にもならない人々です。こう、弟子たちに申《もう》し含めたのです。

仏法実践の肝要《かんよう》は、師と同じ心で戦っていく「師弟不二」の精神です。

この御文《ごもん》の前段で、日蓮大聖人《にちれんだいしょうにん》は、「日蓮の弟子と名乗る人々は、一人も臆病《おくびょう》であってはならない」（新一二二七ページ・全九一〇ページ、趣意）と述《の》べられ、大聖人が南無妙法蓮華経の大法《だいほう》を弘《ひろ》めゆく先陣《せんじん》を切ったことを示されています。

「わとう《和党》ども二陣《にじん》三陣つづきて」——師は常に「先覚《せんかく》の道」を不惜身命《ふしゃくしんみょう》の決意で開拓しています。偉大な師が開いた誉《ほま》れの道に、勇敢に続いてこそ本物の弟子です。ゆえに、広宣流布《こうせんるふ》の使命に立ち上がった弟子たちに大きな期待を寄せられ、〝釈尊《しゃくそん》の直弟子《じきでし》や像法《ぞうほう》時代の正師《しょうし》をも超えよ〟と激励されているのです。

大聖人《だいしょうにん》は一切衆生《いっさいしゅじょう》の幸福のために戦いを起こされ、命にも及《およ》ぶ大難《だいなん》をすべて乗り越えられてきました。その御境涯《ごきょうがい》からみれば、当時の日本の権力者たちは「わずかの小島《こじま》のぬしら《主》」でしかありません。

〝今こそ、この大境涯《だいきょうがい》に連《つら》なり、恐れなく、不惜《ふしゃく》の精神を貫《つらぬ》け！〟——弟子の勝利を願う熱き思いが拝《はい》されます。

勇気を奮《ふる》い起こして師弟の道を生き抜く時、無上の幸福境涯《きょうがい》を開くことができるのです。

池田大作先生の指導から

妙法《みょうほう》に生《い》き抜《ぬ》く人生が、どんなに晴《は》れやかな人生であるか——大聖人《だいしょうにん》は、権力《けんりょく》の魔性《ましょう》との戦いの先頭《せんとう》に立たれ、悔《く》いなき人生の本質《ほんしつ》を、私たちに教《おし》えてくださいました。後《あと》を継《つ》ぐのは創価の師弟《してい》です。わが愛《あい》する青年諸君《しょくん》です！

（「大白蓮華」二〇一二年四月号「勝利の経典『御書』に学ぶ」）

一丈《いちじょう》のほり《堀》をこえ《越》ぬもの、十丈二十丈のほりをこう《越》べきか。

(新一二二九㌻・全九一二㌻)

一丈《いちじょう》の堀《ほり》を越えることのできない者《もの》が、どうして十丈・二十丈の堀を越えることができるでしょうか。

文永《ぶんえい》八年(一二七一年)、大干魃《だいかんばつ》が続く中、幕府《ばくふ》は真言律宗《しんごんりっしゅう》の僧《そう》・極楽寺良観《ごくらくじりょうかん》に雨乞《あまご》いを命《めい》じました。

このことを聞かれた日蓮大聖人《にちれんだいしょうにん》は、法門《ほうもん》での対決から逃げ続けている良観《りょうかん》と、正邪《せいじゃ》を明らかにする絶好の機会と捉《とら》えられ、〝七日のうちに雨が降れば私は良観の弟子になる。もし降らなければ良観は非《ひ》を認《みと》め、法華経《ほけきょう》に帰依《きえ》せよ〟と勝負を挑《いど》まれます。

良観《りょうかん》は、弟子たちを結集し、祈雨《きう》の法を行《ぎょう》じましたが雨は降らず、さらに一週間経《た》っても、どれだけ祈っても、まったく降りませんでした。祈雨の「勝負」は、良観の大惨敗《だいざんぱい》に終わったのです。

この間、大聖人《だいしょうにん》が良観《りょうかん》のもとに使いを送り、伝えたのがこの一節《いっせつ》です。「一丈《いちじょう》の堀すら越えられない者《もの》に、十丈・二十丈の堀を越えられるわけがない」――〝雨を降らせる〟という目先の問題すら解決できない良観《りょうかん》に、一切衆生《いっさいしゅじょう》の成仏《じょうぶつ》という難事《なんじ》を叶《かな》えられるわけがないとの痛烈《つうれつ》な破折《はしゃく》です。

この御文《ごもん》は、私たちの信心の実践に置き換えて言えば、一つ一つ、目の前の課題に立ち向かい、苦難《くなん》を乗り越えてこそ大事を成《な》し遂《と》げることができると拝《はい》せるでしょう。

直面する課題に挑戦する勇気なくして、真《しん》の幸福も、広宣流布《こうせんるふ》の実現もないのです。

たゆまぬ努力と挑戦によって、今の自分を大きく勝ち越えていく――そこに、無限の可能性が広がっていくのです。

池田大作先生の指導から

どんな小さなことでもよい。大事なことは、一日一日の生活の中で、眼前《がんぜん》の「一丈《いちじょう》のほり」を勇敢《ゆうかん》に飛《と》び越《こ》えていくことだ。信心の極意《ごくい》は「いよいよ」の心である。

今の状況《じょうきょう》が良《よ》かろうが、悪かろうが、前へ、前へ！　たゆまぬ挑戦《ちょうせん》また挑戦、不屈《ふくつ》の努力《どりょく》また努力こそ、「人間革命」の道なのだ。（『随筆　幸福の大道』）

釈迦如来《しゃかにょらい》の御《おん》ためには提婆達多《だいばだった》こそ第一の善知《ぜんち》識《しき》なれ。今《いま》の世間《せけん》を見るに、人をよくなすものは、かとうど《方人》よりも強敵《ごうてき》が人をばよくなしけるなり。

（新一二三六ページ・全九一七ページ）

釈迦如来《しゃかにょらい》にとっては、提婆達《だいばだっ》多《た》が第一の善知識《ぜんちしき》でした。今の世間をよく見ると、人を良くするものは、味方よりも強敵《ごうてき》が大《たい》成《せい》させているのです。

日蓮大聖人《にちれんだいしょうにん》は、釈尊《しゃくそん》を迫害《はくがい》した提婆達多《だいばだった》を「第一の善知識《ぜんちしき》」と仰《おお》せです。善知識とは、人を仏《ぶつ》道《どう》に導《みちび》き入れ、善《よ》い影響を与える者をいいます。

提婆達多《だいばだった》は釈尊《しゃくそん》の殺害や教団の分裂を企《くわだ》てました。その事実を取り上げれば、仏道《ぶつどう》修行を妨《さまた》げ、人々を不幸に陥《おとしい》れる「悪知識《あくちしき》」にあたります。

しかし、大聖人《だいしょうにん》は、釈尊《しゃくそん》が提婆達多《だいばだった》の迫害《はくがい》にすべて打ち勝ったことによって、釈尊の正義が証明され、かえって人々が仏道《ぶつどう》に入るのを助けたと捉《とら》えられています。

大聖人《だいしょうにん》御自身も、命に及《およ》ぶ法難《ほうなん》に追いやった極楽寺良観《ごくらくじりょうかん》や平左衛門尉頼綱《へいのさえもんのじょうよりつな》らについて、その迫《はく》害《がい》があったからこそ「法華経《ほけきょう》の行者《ぎょうじゃ》」になれたのだと、迫害者の存在をむしろ悦《よろこ》ばれています。

自分自身を成長させるのは、味方よりも強い敵である――その言葉には、正義だからこそ断《だん》じて勝つとの一念《いちねん》と、広宣流布《こうせんるふ》に生き抜く悠然《ゆうぜん》たる大境涯《だいきょうがい》が示されていると拝《はい》されます。正義が勝つことによって、悪の存在をも善《ぜん》とすることができるのです。

何があっても負けない強き一念《いちねん》で、すべてを自分の成長の追い風に変えて前進していきましょう。

池田大作先生の指導から

創価学会も、ありとあらゆる迫害《はくがい》・弾圧《だんあつ》・策謀《さくぼう》に全部、打ち勝ってきました。その戦いによって、皆の信心が深まり、強くなった。難《なん》もなく、簡単に広宣流布《こうせんるふ》ができたら、鍛《きた》えの場がなく、成仏《じょうぶつ》する修行《しゅぎょう》の場がなくなってしまう。

難即《そく》前進です。煩悩《ぼんのう》即菩提《ぼだい》です。

一切《いっさい》の苦悩《くのう》を即幸福へのエンジンとしていくのです。一切の悪を、善《ぜん》の炎《ほのお》がいや増して燃えさかるための薪《たきぎ》としていくのです。(『普及版　法華経の智慧　中』)

佐渡御書《さどごしょ》

（新一二八四㌻～一二九一㌻）
（全九五六㌻～九六一㌻）

"Letter from Sado"

「佐渡御書《さどごしょ》」は、いわば「創価学会の御書」と申《もう》し上げても、
過言《かごん》ではありません。大聖人《だいしょうにん》が、燃え上がる正義の炎《ほのお》で
綴《つづ》り遺《のこ》され、弟子《でし》たちの心に打ち込まれたこの御書を、
学会の三代の師弟《してい》は不惜身命《ふしゃくしんみょう》の信心で、
色読《しきどく》してきたからです。

（『勝利の経典「御書」に学ぶ　1』）

本抄について

文永《ぶんえい》九年（一二七二年）三月、流罪地《るざいち》である極寒《ごっかん》の佐渡《さど》で認《したた》められ、門下一同《もんかいちどう》に与えられました。当時、鎌倉《かまくら》の門下《もんか》への弾圧《だんあつ》は激しさを増し、退転《たいてん》する者が続出していました。日蓮大聖人《にちれんだいしょうにん》は自《みずか》らが過酷《かこく》な環境にある中、弟子の勝利を願い、本抄《ほんしょう》を著《あらわ》され、いかなる苦難《くなん》があろうとも、師と共に「師子王《ししおう》の心」で信心を貫《つらぬ》くよう教えられています。

本抄《ほんしょう》では、身命《しんみょう》を惜《お》しまず妙法流布《みょうほうるふ》に生き抜けば、必ず仏《ほとけ》になれると仰《おお》せです。

そして、難《なん》を受けるのは過去世《かこせ》の謗法《ほうぼう》のゆえであると示され、法華経《ほけきょう》の敵を強く責《せ》める「護法《ごほう》の功徳力《くどくりき》」によって、過去の罪業《ざいごう》を滅《めっ》していくことができるという、宿命転換《しゅくめいてんかん》の原理を教えられます。

最後に、退転者《たいてんしゃ》の愚《おろ》かさを哀《あわ》れまれ、師子王《ししおう》の大境涯《だいきょうがい》を示されています。

世間《せけん》の浅《あさ》きことには身命《しんみょう》を失《うしな》えども、大事《だいじ》の仏《ぶっ》法《ぽう》なんどには捨《す》つること難《かた》し。故《ゆえ》に仏《ほとけ》に成《な》る人もなかるべし。

（新一二八五ジペー・全九五六ジペー）

世間の浅いことのために身命《しんみょう》を失うことはあっても、大事の仏法のためには身命を捨てることは難しい。それゆえ、仏《ほとけ》になる人もいないのです。

何のために生きるのか。そして、かけがえのない生命を何にどう使うのか――。

日蓮大聖人《にちれんだいしょうにん》は、本抄《ほんしょう》を通し、不惜身命《ふしゃくしんみょう》の生き方を門下《もんか》に教えられています。

当時、権力者による迫害《はくがい》は厳しさを増し、鎌倉《かまくら》の門下《もんか》は退転者《たいてんしゃ》が続出していました。いかなる理由であれ、信心から離れるのは、永遠の幸福の軌道《きどう》から外《はず》れてしまうことにほかなりません。

ゆえに大聖人《だいしょうにん》は、かけがえのない命を「世間《せけん》の浅《あさ》きこと」、つまり目先の欲望や、浅はかな考えのままに使うのではなく、「大事《だいじ》の仏法《ぶっぽう》」、つまり広宣流布《こうせんるふ》のために使って生きていくことが、仏《ほとけ》になる道であると示されているのです。

それはまさに、大難《だいなん》の中で戦う弟子に対する、〝私と共に不惜身命《ふしゃくしんみょう》の信心を貫《つらぬ》け!〟との厳愛の師子吼《ししく》であり、〝そこにこそ真《しん》の幸福があるのだ〟との大確信の宣言です。

もちろん「不惜身命《ふしゃくしんみょう》」といっても、命を粗末《そまつ》にするという意味ではありません。私たちにおいては、「生涯、信心を貫《つらぬ》こう」「何があっても学会から離れない」と決め、信行学《しんぎょうがく》の実践に励みながら、実証《じっしょう》を示し切っていくことです。

〝最高の青春はこの道に!〟との誇りも高く、前進していきましょう。

池田大作先生の指導から

「不惜身命《ふしゃくしんみょう》」は、〝誰でもできる〟平凡に見える日常生活のなかにこそあるのです。

要するに、私たちが日々、広宣流布《こうせんるふ》のために心身《しんしん》を使って、大勢の人を励《はげ》まし、心を尽《つ》くして仏法の素晴《すば》らしさを語《かた》っている行動《こうどう》のなかにこそ、「不惜身命」の実像《じつぞう》があるのです。

(『勝利の経典「御書」に学ぶ 1』)

強敵《ごうてき》を伏《ふく》して始《はじ》めて力士《りきし》をしる《知》。悪王《あくおう》の正法《しょうほう》を破《やぶ》るに、邪法《じゃほう》の僧《そう》等が方人《かとうど》をなして智者《ちしゃ》を失《うしな》わん時は、師子王《ししおう》のごとくなる心をもてる者《もの》、必ず仏《ほとけ》になる《成》べし。例《れい》せば日蓮《にちれん》がごとし。

（新一二八五㌻・全九五七㌻）

強敵《ごうてき》を倒《たお》してこそ、初めて、強い力《ちから》を持った者《もの》であることが証明されます。

悪王《あくおう》が正法《しょうほう》を破壊しようとするのに、邪法《じゃほう》の僧《そう》たちがその味方をして、智者《ちしゃ》を亡《な》き者にしようとする時は、師子王《ししおう》の心を持つ者が必ず仏《ほとけ》になるのです。例を挙《あ》げれば、日蓮《にちれん》のことです。

「師子王《ししおう》の心」――それは、いかなる苦難《くなん》にも負けない勇気の心であり、信心によって湧《わ》き上がる生命の底力《そこぢから》です。

当時、諸宗《しょしゅう》の僧《そう》らは権力者と結託《けったく》し、日蓮大聖人《にちれんだいしょうにん》を亡《な》き者《もの》にしようと迫害《はくがい》を加えました。

正義の智者《ちしゃ》である大聖人《だいしょうにん》を妬《ねた》み、卑劣《ひれつ》な謀略《ぼうりゃく》を企《くわだ》てる、その悪の本質について大聖人は、弱い者《もの》を脅《おど》し、強い者には恐れる「畜生《ちくしょう》」であると喝破《かっぱ》されます。そして「強敵《ごうてき》を倒《たお》してこそ、真《しん》に力《ちから》ある者である」と、この大難《だいなん》を厳然《げんぜん》と受けて立たれたのです。

迫害《はくがい》を覚悟の上で正義を叫び、「師子王《ししおう》の心」で戦い抜く法華経《ほけきょう》の行者《ぎょうじゃ》の胸中《きょうちゅう》には、仏《ほとけ》の生命が輝《かがや》きます。

「例《れい》せば日蓮《にちれん》がごとし」と仰《おお》せのように、大聖人《だいしょうにん》は御自身と同じ覚悟で「不二の弟子」が立ち上がることを信じ、渾身《こんしん》の励ましを送られたのです。そこには、弟子の勝利を信ずる師匠の深き期待があると拝《はい》されます。

師と共に戦い抜く人が仏《ほとけ》になる——師弟不二の勇気が、いかなる苦難《くなん》をも勝利へと転《てん》ずる力《ちから》となるのです。

池田大作先生の指導から

師匠《ししょう》の智慧《ちえ》と慈悲《じひ》に弟子《でし》たちが到底《とうてい》、及《およ》ばないと思っても、師匠と「同じ誓願《せいがん》」「同じ理想」「同じ行動《こうどう》」を貫《つらぬ》くならば、必《かなら》ず師匠と同じ境涯《きょうがい》に達《たっ》することができる。

これが、法華経《ほけきょう》に説《と》かれる「師弟不二《していふに》」の成仏《じょうぶつ》への軌道《きどう》です。(『勝利の経典「御書」に学ぶ　1』)

外道《げどう》・悪人《あくにん》は如来《にょらい》の正法《しょうほう》を破《やぶ》りがたし。仏弟子《ぶつでし》等、必《かなら》ず仏法を破るべし。「師子身中《しししんちゅう》の虫《むし》の師子を食《は》む」等云々《うんぬん》。大果報《だいかほう》の人をば他《た》の敵《かたき》やぶり《破》がたし、親《した》しみより破るべし。

（新一二八六ページ・全九五七ページ）

外道《げどう》や悪人《あくにん》は如来《にょらい》が説《と》いた正《しょう》法《ほう》を破《やぶ》ることができません。必ず、仏弟子《ぶつでし》らが仏法を破るのです。「師子身中《しししんちゅう》の虫《むし》が、師子を内から食う」と説かれる通りです。同様に大果報《だいかほう》を受けている人を、外の敵が倒《たお》すことはできません。身内によって破られるのです。

日蓮大聖人《にちれんだいしょうにん》は、本抄《ほんしょう》において「立正安国論《りっしょうあんこくろん》」で予言した「自界叛逆難《じかいほんぎゃくなん》」（内乱）が、「二月騒《そう》動《どう》」として現実に起きたと明言され、このような難が起きる根本《こんぽん》原因は、国主《こくしゅ》らが正法《しょうほう》を見失い、法華経《ほけきょう》の行者《ぎょうじゃ》を迫害《はくがい》する「悪鬼《あっき》」がその人の身に入ったゆえであると断言されます。

万人成仏《ばんにんじょうぶつ》を説《と》き、すべての人の幸福の道を開くのが仏法です。しかし当時は、その仏法を守るべき僧侶《そうりょ》が、地位や権力に執着《しゅうちゃく》して法をねじ曲げ、人々を不幸に陥《おとしい》れる元凶《げんきょう》となっていました。

大聖人《だいしょうにん》は、謗法《ほうぼう》の悪僧《あくそう》こそ、仏教破壊の「師子身中《しししんちゅう》の虫」であると断《だん》じられています。

仏典《ぶってん》では「師子身中《しししんちゅう》の虫」について、「師子はどこで死んでも人々はその肉を食べないが、ただ師子の身中に生《しょう》じた虫がその肉を食う。そのように、仏法は外部からは破壊されないが、内部にいる悪比丘《あくびく》によって破壊される」（趣意）等と説《と》かれています。広布《こうふ》は外からの敵に破《やぶ》られることはありません。むしろ、師弟の精神を忘れた忘恩《ぼうおん》の輩《やから》が仏法の世界を内部から破壊します。

学会を利用しようとする傲慢《ごうまん》な反逆者《はんぎゃくしゃ》や仏法破壊の日顕宗《にっけんしゅう》は、まさに「師子身中《しししんちゅう》の虫」です。

こうした悪を見過ごすことは、悪を増長《ぞうちょう》させるがゆえに、悪に対しては徹して責《せ》め抜かねばなりません。「師子王《ししおう》の心」で正義を語り抜くことが、万人《ばんにん》の幸福への道を守ることになるのです。

池田大作先生の指導から

信仰とは、仏《ほとけ》と魔《ま》との戦いである。善《ぜん》と悪との争《あらそ》いである。ゆえに、ちょっとでも油断《ゆだん》すれば、すぐに魔に付《つ》け入られる。邪悪《じゃあく》な考えに毒《どく》されてしまう。だからこそ、戸田先生はつねに幹部に「断《だん》じて魔を寄《よ》せ付けるな、信心の利剣《りけん》で断《た》ち切っていけ」と強く強く訴《うった》えられた。

大聖人《だいしょうにん》は、「敵を知らなければ、敵にだまされてしまう」（全九三一ジペー・新一二五五ジペー、通解）と仰《おお》せだ。大事なのは、魔を魔と見破《みやぶ》る眼《まなこ》を持つことである。そのために、教学があり、信心があるのだ。（「全国最高協議会でのスピーチ」、『池田大作全集 96』収録）

鉄《くろがね》は炎《きた》い打てば剣《つるぎ》となる。賢聖《けんしょう》は罵詈《めり》して試《こころ》みるなるべし。我《われ》、今度《こんど》の御勘気《ごかんき》は、世間《せけん》の失一《とがいち》分《ぶん》もなし。ひとえに、先業《せんごう》の重罪《じゅうざい》を今生《こんじょう》に消して、後生《ごしょう》の三悪《さんあく》を脱《のが》れんずるなるべし。

（新一二八八ジペー・全九五八ジペー）

鉄は鍛《きた》え打てば、剣《つるぎ》となります。賢人《けんじん》・聖人《しょうにん》は罵《ののし》られて（真価が）試されるのです。私がこのたび受けた処罰《しょばつ》には、世間《せけん》における罪《つみ》はまったくありません。ひとえに、過去世《かこせ》の悪業《あくごう》を今世《こんぜ》で消し、後生《ごしょう》の三悪道《さんあくどう》の苦しみを免《まぬか》れるためのものなのです。

日蓮大聖人《にちれんだいしょうにん》は、苦難《くなん》に直面する弟子に対し、法華経《ほけきょう》の行者《ぎょうじゃ》が難《なん》に遭《あ》う意味を明かされ、不退転《ふたいてん》の覚悟を促《うなが》されます。「鉄」は何度も熱して鍛《きた》えていくと、不純物がたたき出され、一段と強い「剣《つるぎ》」となります。同様に、一人一人の生命も、苦難と戦う中で強く鍛えられ、その真価を発揮《はっき》することができるのです。

大聖人《だいしょうにん》が命にも及《およ》ぶ大難《だいなん》を受けているのも、「世間《せけん》の失一分《とがいちぶん》もなし」と仰《おお》せの通り、社会的な罪《つみ》によるものではまったくありません。ただひとえに、過去世《かこせ》の謗法《ほうぼう》のゆえであり、今、広宣流布《こうせんるふ》のために戦い抜くことによって、宿業《しゅくごう》を消し、未来に地獄《じごく》・餓鬼《がき》・畜生《ちくしょう》という三悪道《さんあくどう》に堕《お》ちることを防いでいるのだと、「宿命転換《しゅくめいてんかん》」の法理を教えられています。

どんな悩みも宿命《しゅくめい》も乗り越え、今世《こんぜ》はもちろん、三世《さんぜ》永遠にわたる充実と満足の境涯《きょうがい》を築き上げることができる――これが、大聖人《だいしょうにん》の仏法なのです。まさに、苦難《くなん》の時こそ、宿命転換《てんかん》、人間革命のチャンスです。何があっても信心を貫《つらぬ》けるかどうかが試されている時であり、信心根本《こんぽん》に立ち向かう姿そのものが、妙法《みょうほう》の偉大さの証明となります。〝何があっても負けない！〟と心に決めて、自身の生命を鍛《きた》え続けていく中で、永遠の幸福の土台が築かれるのです。

池田大作先生の指導から

わが生命の鍛錬《たんれん》こそが、最高の功徳《くどく》です。鍛《きた》え抜かれた生命が、永遠の幸福を約束するのです。

（中略）

大聖人《だいしょうにん》は、苦闘《くとう》する門下《もんか》の肩を揺《ゆ》さぶるように励まされているのです。

「宿命《しゅくめい》を転換《てんかん》するのは自分自身だ。自分の中に、その力《ちから》がある！」「苦難《くなん》を避《さ》けるな。本当の勝利は、自分自身に勝つことだ！」「大いなる悩《なや》みは大いなる自分をつくる！　永遠の勝利者となれる！」と。（『勝利の経典「御書」に学ぶ　1』）

「日蓮《にちれん》御房《ごぼう》は師匠《ししょう》にてはおわせども余《あま》りにこわ《強》し。我《われ》らはやわらか《柔》に法華経《ほけきょう》を弘《ひろ》むべし」と云《い》わんは、蛍火《ほたるび》が日月《にちがつ》をわらい《笑》、蟻塚《ありづか》が華山《かざん》を下《くだ》し、井江《せいこう》が河海《かかい》をあなずり《侮》、烏鵲《かささぎ》が鸞鳳《らんほう》をわらう《笑》なるべし、わらうなるべし。

（新一二九一ページ・全九六一ページ）

「日蓮御房《にちれんごぼう》は師匠ではいらっしゃるがあまりにも強引だ。私たちは柔らかに法華経《ほけきょう》を弘《ひろ》めよう」などと言っているのは、蛍《ほたる》火《び》が太陽や月を笑い、蟻塚《ありづか》が華《か》山《ざん》を見下《みくだ》し、井戸や川が大河や海を侮《あなど》り、鵲《かささぎ》が鸞鳳《らんほう》を笑うようなものです。笑うようなものです。

激しい弾圧《だんあつ》の嵐が吹き荒れる中、日蓮大聖人《にちれんだいしょうにん》は、弟子が団結して困難を乗り越えていくよう、佐渡《さど》の地から鎌倉《かまくら》の門下《もんか》に度重《たびかさ》なる激励を送られています。

〝いかなることがあろうとも、師弟の道を生き抜け〟と、弟子の勝利を願い命《いのち》懸《が》けで戦われる師匠の心が分からず、大恩《だいおん》を忘れた愚《おろ》かな弟子の中から、仏法を持《たも》っているのになぜ迫害《はくがい》に遭《あ》うのか、と信心に疑いを起こし、退転《たいてん》する者《もの》が出ていました。

正法《しょうほう》を弘《ひろ》めれば難《なん》を受けるということは、経文《きょうもん》の通りであり、疑う余地はありません。しかし、彼らは「我賢《われかしこ》し」と慢心《まんしん》に陥《おち》り、大聖人《だいしょうにん》の弘教《ぐきょう》のやり方があまりにも強引だから迫害《はくがい》されるのだと非難します。そして「私たちは柔らかに法華経《ほけきょう》を弘めよう」と、自分勝手な理屈を並べ、多くの弟子を退転《たいてん》させようとしたのです。

一見《いっけん》すると、賢《かしこ》げに、諸宗《しょしゅう》との摩擦《まさつ》を回避《かいひ》しながら仏法を弘《ひろ》めようとしているようですが、そこには、難《なん》を恐れる〝臆病《おくびょう》な命〟があり、民衆救済《きゅうさい》のために戦う師匠の心が分からない不知恩《ふちおん》の姿がありました。師弟の魂《たましい》がなければ、広宣流布《こうせんるふ》を成《な》し遂《と》げることはできません。大聖人《だいしょうにん》は、彼らの浅はかな境涯《きょうがい》を、仏法の正義が分からない慢心《まんしん》の姿であると、悠々《ゆうゆう》と見下《みお》ろされています。

何があっても師弟に生き抜くという強き一念《いちねん》で、不二の弟子の道を堂々《どうどう》と歩みましょう。

池田大作先生の指導から

私は一歩も退《しりぞ》かず創価の正義を叫び、世界に広げてきました。その力《ちから》が出せたのも、「わが命《いのち》より尊《とうと》い広宣流布《こうせんるふ》の師匠《ししょう》のため」という一念《いちねん》に徹《てっ》したからです。創価学会という仏意仏勅《ぶついぶっちょく》の団体を断《だん》じて守りに護《まも》り、師匠の大願《だいがん》の通りに世界に発展させるのだという魂《たましい》で立ち上がったからです。（『勝利の経典「御書」に学ぶ　1』）

可《か》延《えん》定《じょう》業《ごう》書《しょ》

（新一三〇七ページ～一三〇九ページ）
（全九八五ページ～九八六ページ）

"On Prolonging One's Life Span"

二度と来ない、今日という「宝《たから》の一日」をどう生き切るのか。
かけがえのない「わが命」を何に使《つか》うのか――。（中略）
この「宿命転換《しゅくめいてんかん》の要諦《ようてい》」「健康長寿《ちょうじゅ》の信心」を、
「可延定業書《かえんじょうごうしょ》」を拝《はい》して学んでいきましょう。

（『希望の経典「御書」に学ぶ　1』）

本抄について

文永《ぶんえい》十二年（一二七五年）に認《したた》められ、下総国葛飾郡若宮《しもうさのくにかつしかぐんわかみや》（千葉県市川市）に住む富木常忍《ときじょうにん》の妻、富木尼御前《あまごぜん》に与えられたお手紙です。

本抄《ほんしょう》の題号にある「定業《じょうごう》」の「業」とは、身や口（言葉）や心による善悪《ぜんあく》にわたっての行《おこな》いを意味します。それが原因となり、さまざまな苦楽《くらく》の報《むく》いが結果として表《あらわ》れます。その報いの内容や表《あらわ》れる時期が定《さだ》まっている業を「定業」と言います。本抄で示されている「定業」とは、「寿《じゅ》命《みょう》」の意味で用《もち》いられています。

当時、病《やまい》を患《わずら》っていた尼御前《あまごぜん》に対し、日蓮大聖人《にちれんだいしょうにん》は、仏法の力《ちから》で必ず寿命《じゅみょう》を延ばしていけると励まされます。そして、生命は何よりも尊《とうと》い宝であり、妙法《みょうほう》を持《たも》って一日でも長く生きれば、それだけ功徳《くどく》を積むことができると教えられています。

命《いのち》と申《もう》す物《もの》は一身《いっしん》第一の珍宝《ちんぽう》なり。一日なりともこれをのぶる《延》ならば、千万両《りょう》の金《こがね》にもすぎ《過》たり。

（新一三〇八ジペー・全九八六ジペー）

命というものは、この身の中で一番尊《とうと》い宝です。一日であっても命を延ばすなら、千万両《りょう》の金《こがね》にも勝《まさ》るものです。

生命ほど尊《とうと》いものはありません。日蓮大聖人《にちれんだいしょうにん》は、生命それ自体が無上《むじょう》の宝であり、「一日」を生きるということは「千万両《りょう》の金《こがね》」よりも価値があると仰《おお》せです。

病気に対して弱気になっている富木尼御前《ときあまごぜん》に、生命の尊《とうと》さを強調して教えられ、〝だからこそ、一日でも長く生き抜け〟と、尼御前自身の生命から〝生きる意志〟を呼び起こす、渾身《こんしん》の励ましを送られているのです。

大聖人《だいしょうにん》は、続く御文《ごもん》で、「いそぎいそぎ御対治《ごたいじ》あるべし」（新一三〇八ジペー・全九八六ジペー）と、一日でも長く生きるために、一刻も早く治療を受けるよう勧《すす》められています。仏法は道理です。「信心しているからこそ」、そして、「何よりも尊《とうと》い生命だからこそ」と、具体的に治療に励んでいくことが大切です。

〝一日も早く健康になってもらいたい〟――どこまでも弟子の幸福を願われる大聖人《だいしょうにん》の深き慈愛に触れた尼御前《あまごぜん》は、この後、大聖人の御指導通りに信心を実践し、二十数年も寿命《じゅみょう》を延ばしました。その勝利の姿こそ、妙法《みょうほう》の偉大さの証明であるといえます。

私たちにとって、師と共に歩む「一日」が、どれほどの宝であるか。どんな悩みも力《ちから》に変えて、永遠の幸福境涯《きょうがい》を築いていきましょう。

池田大作先生の指導から

一人でも多くの人に妙法《みょうほう》を教《おし》えて幸《しあわ》せにしてあげたい。だからこそ一日でも永《なが》く生きたい――その真心《まごころ》が寿命《じゅみょう》を延《の》ばし、その使命感が生命力《せいめいりょく》を増《ま》します。

だからこそ、広布《こうふ》に生き抜《ぬ》く人は、生命の奥底《おうてい》から輝《かがや》いている。はずんでいる。同じ一生でも、広布に生き抜く人生は、何倍、何十倍、何百倍、何千倍も価値《かち》がある。

（『新版　法華経　方便品・自我偈講義』）

命《いのち》は三千《さんぜん》にもすぎ《過》て候《そうろう》。しかも齢《よわい》もいまだたけ《長》させ給《たま》わず。しかも法華経《ほけきょう》にあわせ《遇》給いぬ。一日もいき《生》ておわせば功徳《くどく》つもる《積》べし。あらおし《惜》の命や、あらおしの命や。

（新一三〇九ページ・全九八六ページ）

命は三千大千世界の財《たから》よりも尊《とうと》いのです。しかも富木尼御前《ときあまごぜん》は、年齢もまだ、それほどとっているわけではありません。その上、法華経《ほけきょう》にあわれたのです。一日でも長く生きていらっしゃるなら、それだけ功徳《くどく》が積もるのです。ああ、惜《お》しい命です。ああ、惜しい命です。

日蓮大聖人《にちれんだいしょうにん》は、三千大千世界（全宇宙）の財《たから》よりも素晴らしいのが生命であると教えられています。さらに、富木尼御前《ときあまごぜん》はまだ若いのだからと、病《やまい》に対する不安を払拭《ふっしょく》されるかのように述《の》べられます。

そして、法華経《ほけきょう》を信受《しんじゅ》している身であることを確認された上で、妙法《みょうほう》を持《たも》ち、広宣流布《こうせんるふ》に生き抜くということは、一日一日、計り知れない功徳《くどく》・福運《ふくうん》を積みゆくことであると示されます。

大切な生命を広宣流布《こうせんるふ》のために使おうと決め、唱題に励み、仏法を弘《ひろ》めていく。それは、全宇宙の財《たから》よりも尊《とうと》い生命を仏法に供養《くよう》する行為であるといえます。

ゆえに、広布《こうふ》のために、一日でも長く生き抜き、戦おうとするその心に、偉大な功徳《くどく》が積まれ、必ず宿命《しゅくめい》を乗り越えることができるのです。

大聖人《だいしょうにん》は、重ねて「ああ、惜《お》しい命である」と、一人の女性門下《もんか》を慈愛で包まれています。

病気は決して敗北ではありません。大事なことは、目の前の現状に、心が負けないことです。御本尊《ごほんぞん》への確信と、妙法《みょうほう》に生きる生命の充実から、人生の勝利が開かれていくのです。

池田大作先生の指導から

題目《だいもく》を唱《とな》え、広宣流布《こうせんるふ》を目指《めざ》して、生《い》き抜《ぬ》いていく一日また一日が、どれほど素晴《すば》らしいか。

どうか、日本中、世界中の婦人部・女子部の皆様《みなさま》が日々、健康《けんこう》第一で生き生きと、そして一日でも長く幸福長寿《ちょうじゅ》であられるように――これが、私と妻《つま》の、ご祈念《きねん》の第一項目である。


(『随筆　希望の大道』)

転《てん》重《じゅう》軽《きょう》受《じゅ》法《ほう》門《もん》

（新一三五六ページ〜一三五八ページ）
（全一〇〇〇ページ〜一〇〇一ページ）

“Lessening One’s Karmic Retribution”

本抄《ほんしょう》で、大聖人《だいしょうにん》は、法華経《ほけきょう》の行者《ぎょうじゃ》としての大確信と大闘争《だいとうそう》を、
迸《ほとばし》るような勢《いきお》いで語《かた》られています。（中略）
我《わ》が宿命《しゅくめい》と真正面《ましょうめん》から格闘《かくとう》しながら、
友の宿命転換《しゅくめいてんかん》のために尽《つ》くし、
広宣流布《こうせんるふ》に生《い》き抜《ぬ》いていく――
この尊《とうと》き実践《じっせん》の中にこそ、
大聖人の魂《たましい》は脈々《みゃくみゃく》と流《なが》れ通《かよ》います。

（『希望の経典「御書」に学ぶ　2』）

本抄について

文永《ぶんえい》八年（一二七一年）十月、門下《もんか》である大田乗明《おおたじょうみょう》、曽谷教信《そやきょうしん》、金原法橋《かなばらほっきょう》の三人に与えられました。

日蓮大聖人《にちれんだいしょうにん》は、竜《たつ》の口《くち》の法難《ほうなん》から佐渡流罪《さどるざい》に処《しょ》せられるまでの間、相模国依智《さがみのくにえち》（神奈川県厚木市）の本間邸《ほんまてい》に留《とど》め置かれました。そこに師匠の身を案《あん》じて馳《は》せ参《さん》じた弟子の真心に対し、認《したた》められたお手紙です。

「転重軽受《てんじゅうきょうじゅ》」は「重きを転《てん》じて軽く受《う》く」と読み下《くだ》します。過去世《かこせ》からの重い罪業《ざいごう》を転じて、その報《むく》いを現世《げんぜ》で軽く受けて消滅《しょうめつ》させるとの意味です。

本抄《ほんしょう》では、この「転重軽受《てんじゅうきょうじゅ》」の法門《ほうもん》について明かされています。

そして、正法《しょうほう》を弘通《ぐつう》すれば、大難《だいなん》を受けることは必然であり、末法《まっぽう》において大難を受け、法華《ほけ》経《きょう》を「身読《しんどく》」しているのは大聖人《だいしょうにん》ただお一人であると示されています。

先業《せんごう》の重《おも》き今生《こんじょう》につき《尽》ずして、未来に地獄《じごく》の苦《く》を受《う》くべきが、今生にかかる重苦《じゅうく》に値《あ》い候《そうら》えば、地獄の苦《くる》しみぱっときえ《消》て死に候えば、人天《にんてん》・三《さん》乗《じょう》・一乗《いちじょう》の益《やく》をうる《得》こと候《そうろう》。

（新一三五六ページ・全一〇〇〇ページ）

宿業《しゅくごう》が重く、今のこの一生に尽きないで、未来世《みらいせ》に地獄《じごく》の苦しみを受けなければならないところが、今のこの一生でこのような重い苦しみにあったので、地獄の苦しみがぱっと消えて、死んだら、人《にん》・天《てん》や声聞《しょうもん》・縁《えん》覚《がく》・菩薩《ぼさつ》の三乗《さんじょう》、一仏乗《いちぶつじょう》の利益《りやく》を得ることがあるのです。

妙法《みょうほう》を持《たも》つ人が、なぜ難《なん》に遭《あ》うのか。その意義を、「転重軽受《てんじゅうきょうじゅ》」の法理に基《もと》づいて教えられています。

過去世《かこせ》から積んできた悪業《あくごう》は、尽きることのない苦悩として現《あらわ》れます。しかし、「地獄《じごく》の苦《くる》しみぱっときえ《消》」と仰《おお》せの通り、法華経《ほけきょう》を弘《ひろ》める〝護法《ごほう》の功徳力《くどくりき》〟によって、来世《らいせ》に地獄に堕《お》ちるほどの過去世の重い罪業《ざいごう》を、今世《こんぜ》において受けきって消滅《しょうめつ》できるのです。さらに、日蓮大聖人《にちれんだいしょうにん》は、反対に「人天《にんてん》・三乗《さんじょう》・一乗《いちじょう》の益《やく》をうる《得》」と仰せです。迷いと苦しみの境涯《きょうがい》を転換《てんかん》し、大きな功徳を得ることができると示されています。

つまり、「転重軽受《てんじゅうきょうじゅ》」とは、マイナスの罪業《ざいごう》をゼロに精算するだけでなく、妙法《みょうほう》の功力《くりき》によって、成仏《じょうぶつ》という最大のプラスにも転《てん》じていけるということです。

広布《こうふ》をわが使命と定《さだ》め、日々の学会活動・対話に挑戦していく私たちが直面する苦労は、一切《いっさい》が自分自身の宿命転換《しゅくめいてんかん》に必ず通じていきます。そして、何があっても負けない、幸福境涯《きょうがい》にいたることができるのです。苦難《くなん》こそ宿命転換のチャンス！　との強い信心で、勇《いさ》んで広宣流布《こうせんるふ》のために行動していきましょう。

池田大作先生の指導から

大聖人《だいしょうにん》の仏法における転重軽受法門《てんじゅうきょうじゅほうもん》とは、〝今、直《ただ》ちに〟〝この身《み》のままで〟生命そのものを幸福へと変革《へんかく》する原理《げんり》にほかなりません。宿命転換《しゅくめいてんかん》は、まさに悪《あく》から悪へ、不幸《ふこう》から不幸へという宿習《しゅくじゅう》を持つ自身の生命そのものを、悪から善《ぜん》へと変革し、そして善から善への軌道《きどう》を確立《かくりつ》していくことにほかなりません。ゆえに、どこまでも大事《だいじ》なのは、その変革の戦いをする「今」であり「現在」です。（『希望の経典「御書」に学ぶ　2』）

不軽《ふきょう》菩薩《ぼさつ》の悪口《あっく》・罵詈《めり》せられ杖木《じょうもく》・瓦礫《がりゃく》をかぼ《被》るも、ゆえ《故》なきにはあらず。過去の誹謗正法《ひぼうしょうほう》のゆえかとみえて、「その罪《つみ》は畢《お》え已《お》わって」と説《と》かれて候《そうろう》は、不軽菩薩の難《なん》に値《あ》うゆえに過去の罪の滅《めっ》するかとみ《見》えはんべり。

(新一三五六ページ・全一〇〇〇ページ)

不軽《ふきょう》菩薩《ぼさつ》が悪口を言われ、罵《ののし》られ、杖《つえ》や棒《ぼう》で打たれ、土器や小石を投げつけられたのも理由がないことではありません。過《か》去《こ》世《せ》に正法《しょうほう》を誹謗《ひぼう》したためであろうと考えられます。経文《きょうもん》に「その罪《つみ》がなくなって」と説《と》かれているのは、不軽菩薩が難《なん》に遭《あ》ったために、過去世の罪が滅《めっ》したのだと経文に拝《はい》されるのです。

日蓮大聖人《にちれんだいしょうにん》は過去世《かこせ》の悪業《あくごう》を転換《てんかん》した例として、不軽菩薩《ふきょうぼさつ》の「其罪畢已《ございひっち》」(その罪《つみ》は畢《お》え已《お》わって)について述《の》べられます。

不軽菩薩《ふきょうぼさつ》は、法華経《ほけきょう》に説《と》かれる釈尊《しゃくそん》の過去世《かこせ》の姿です。人々から迫害《はくがい》を受けながらも、一切衆生《いっさいしゅじょう》の仏性《ぶっしょう》を信じ抜き、人々を敬《うやま》う礼拝行《らいはいぎょう》を貫《つらぬ》きました。その結果、過去の重罪《じゅうざい》を滅《めっ》し、成仏《じょうぶつ》の境《きょう》涯《がい》を得ることができたのです。

大聖人《だいしょうにん》は、不軽菩薩《ふきょうぼさつ》が難《なん》を受けたのは、過去世《かこせ》における誹謗正法《ひぼうしょうほう》が原因であり、度重《たびかさ》なる難に遭《あ》うことで、その罪《つみ》を消し尽くすことができたと示されます。

それによって不軽菩薩《ふきょうぼさつ》が得た功徳《くどく》とは、具体的には「六根清浄《ろっこんしょうじょう》」です。「六根清浄」とは、六根（眼・耳・鼻・舌・身・意）、すなわち生命全体が浄化され、本来の力《ちから》を最大限に発揮《はっき》できることをいいます。不軽菩薩は、未来永遠にわたる仏界《ぶっかい》の生命を得ることができたのです。

師と共に広宣流布《こうせんるふ》のために祈り戦う。声も惜《お》しまず、仏法を語り弘《ひろ》める。その功徳《くどく》によって、自身の宿命転換《しゅくめいてんかん》を成《な》し遂《と》げることができます。

信心の確信を胸に、友へ希望を送りゆく実践こそ、私たちの「使命」なのです。

池田大作先生の指導から

不軽菩薩《ふきょうぼさつ》が得た六根清浄《ろっこんしょうじょう》の功徳《くどく》こそ、苦難《くなん》を撥《は》ね返《かえ》す生命力です。不軽菩薩は、悪世《あくせ》ゆえの迫《はく》害《がい》を受けました。しかし、自他《じた》ともに仏性《ぶっしょう》がそなわっているという法華経《ほけきょう》に基《もと》づく信念《しんねん》は揺《ゆ》るがなかった。いわば迫害を越えて法を守りぬいた闘争《とうそう》によって、宿業《しゅくごう》の根本《こんぽん》である無明《むみょう》を打《う》ち破《やぶ》り、本来《ほんらい》、妙法《みょうほう》の当体《とうたい》としての生命力である六根清浄の功徳を得たのです。

これが、法華経を守り抜《ぬ》く実践《じっせん》による宿命転換《しゅくめいてんかん》の功徳です。（『希望の経典「御書」に学ぶ　2』）

曽《そ》谷《や》殿《どの》御《ご》返《へん》事《じ》

（成《じょう》仏《ぶつ》用《よう》心《じん》抄《しょう》）

（新一四三三ページ〜一四三五ページ）

（全一〇五五ページ〜一〇五六ページ）

"The Essentials for Attaining Buddhahood"

本抄《ほんしょう》は、いわば全編《ぜんぺん》にわたって師弟不二《していふに》を論《ろん》じられているお手紙であると拝《はい》することができます。民衆《みんしゅう》の幸福《こうふく》を実現《じつげん》するために何《なん》としても法を正《ただ》しく流《なが》れ通《かよ》わせていこうとする「師弟共戦《きょうせん》の大道《だいどう》」を、ともどもに拝していきましょう。

（『希望の経典「御書」に学ぶ 3』）

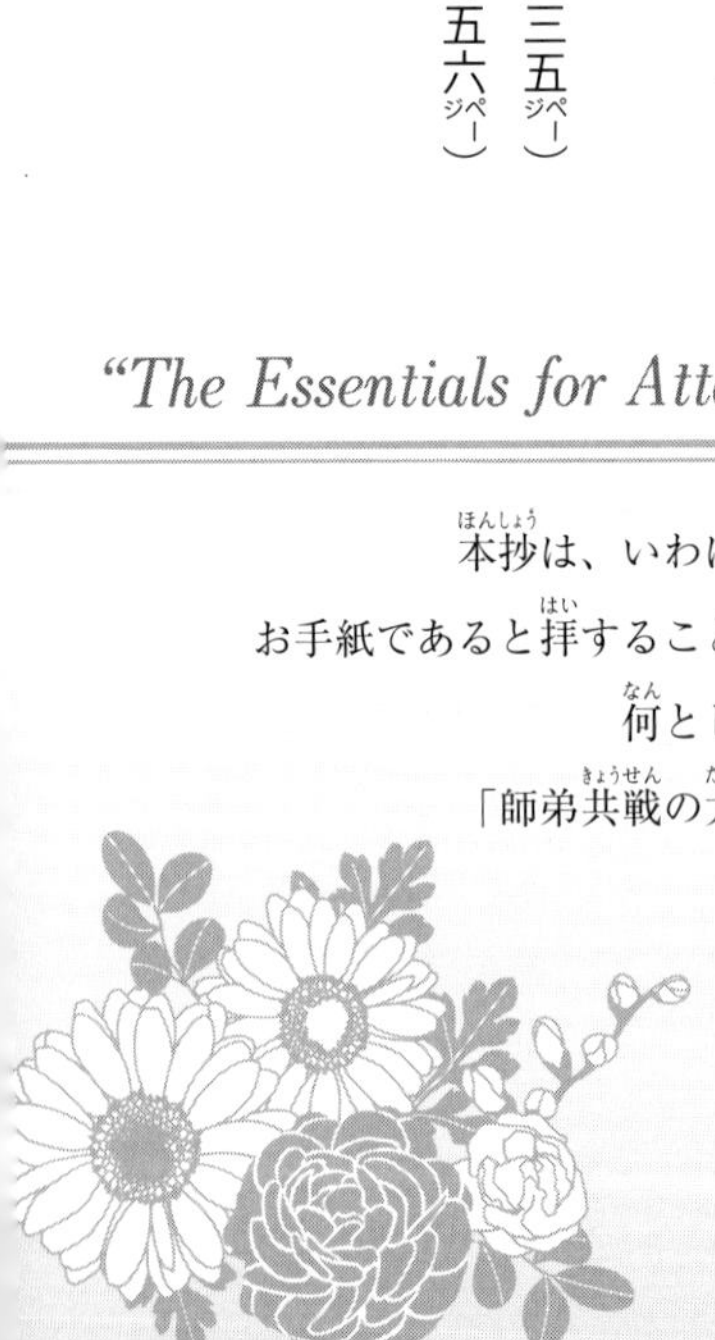

本抄について

建治《けんじ》二年（一二七六年）八月、日蓮大聖人《にちれんだいしょうにん》が身延《みのぶ》（山梨県南巨摩郡《みなみこまぐん》）で認《したた》められ、下総国《しもうさのくに》（千葉県北部等）の曽谷殿《そやどの》に与えられたお手紙です。別名を「成仏用心抄《じょうぶつようじんしょう》」と言います。

まず、成仏《じょうぶつ》のための根本法《こんぽんほう》が南無妙法蓮華経であり、この法を末法《まっぽう》において顕《あらわ》し、弘《ひろ》められた大聖人《だいしょうにん》こそが上行菩薩《じょうぎょうぼさつ》の役割を果《は》たされていることを明かされます。

さらに、末法《まっぽう》における正しい師の要件を挙《あ》げられた上で、謗法呵責《ほうぼうかしゃく》を実践し、真実の師に従《したが》っていくことが成仏《じょうぶつ》の要諦《ようてい》であると述《の》べられます。

そして、命に及《およ》ぶ幾多《いくた》の迫害《はくがい》にも屈《くっ》せず、民衆を救済《きゅうさい》しゆく御決意を示され、本抄《ほんしょう》を結ばれています。

仏《ほとけ》に成《な》る道《みち》はあに境智《きょうち》の二法にあらずや。されば、境というは万法《ばんぽう》の体《たい》を云《い》い、智というは自体《じたい》顕照《けんしょう》の姿《すがた》を云うなり。

（新一四三三ジペー・全一〇五五ジペー）

仏《ほとけ》になる道は境智《きょうち》の二法にあります。すなわち、境というのは万法《ばんぽう》の体をいい、智というのは自体顕照《じたいけんしょう》の姿をいうのです。

日蓮大聖人《にちれんだいしょうにん》は本抄《ほんしょう》で、「境智《きょうち》の二法」が成仏《じょうぶつ》への道である、との仏法の重要な原理の一つを示されています。

「境《きょう》」とは観察される対象であり、精神・物質にわたるすべてのものを指します。「智《ち》」とは対象の本質を照らし出す智慧《ちえ》のことです。仏《ほとけ》の大いなる智慧は万物《ばんぶつ》の本質を照らすとともに、自身が、本来妙法《みょうほう》の当体《とうたい》であることを照らします。すなわち、仏の智慧によって、真実の自分自身を自覚し、自分自身の生命に本来具《そな》わる仏界《ぶっかい》を輝《かがや》かせゆくことであり、大聖人《だいしょうにん》は、このことを「自《じ》体顕照《たいけんしょう》」と仰《おお》せです。

私たちに即《そく》して言えば、自分自身がかけがえのない存在であることを知り、自分らしく、個性を最高に輝《かがや》かせていくことにほかなりません。そして、そこに真《しん》の幸福の道があるのです。

大聖人《だいしょうにん》はこの後の部分で「境智《きょうち》の二法は何物《なにもの》ぞ。ただ南無妙法蓮華経の五字なり」（新一四三三ページ・全一〇五五ページ）と明かされます。

自分自身を最高に輝《かがや》かせていく「境智《きょうち》の二法」とは、「南無妙法蓮華経」です。ゆえに、御本《ごほん》尊《ぞん》への「信」によって「智慧《ちえ》」を湧《わ》き上がらせることで、私たちは自身の生命に、揺《ゆ》るがぬ仏《ほとけ》の境涯《きょうがい》を築くことができます。

強盛《ごうじょう》な祈りと日々の学会活動に励む中でこそ、幸福境涯《きょうがい》は開かれていくのです。

池田大作先生の指導から

自分らしく輝《かがや》け！　自分らしく生《い》き抜《ぬ》くのだ。自分らしく前進するのだ。

これを大仏法では、「桜梅桃李《おうばいとうり》」、さらに「自体顕照《じたいけんしょう》」という法理《ほうり》に説《と》いている。

女子部の花であるすずらんの花言葉は「幸福」である。

信心は、絶対《ぜったい》に幸福になるためにあるのだ。不幸《ふこう》を打《う》ち破《やぶ》り、戦い抜《ぬ》いて、永遠の幸福を築《きず》くために仏法はあるのだ。信心はあるのだ。（『青春の光彩 Ⅱ』）

謗法《ほうぼう》を責《せ》めずして成仏《じょうぶつ》を願《ねが》わば、火の中に水を求《もと》め、水の中に火を尋《たず》ぬるがごとくなるべし。はかなし、はかなし。いかに法華経《ほけきょう》を信じ給《たも》うとも、謗法あらば必ず地獄《じごく》におつ《堕》べし。うるし《漆》千ば《杯》いに蟹《かに》の足一《ひと》つ入《い》れたらんがごとし。「毒気《どっけ》は深く入って、本心《ほんしん》を失《うしな》えるが故《ゆえ》に」はこれなり。

（新一四三五ページ・全一〇五六ページ）

謗法《ほうぼう》を責《せ》めないで成仏《じょうぶつ》を願うのは、火の中に水を求め、水の中に火を尋《たず》ねるようなものです。はかないことです。はかないことです。どれほど法華経《ほけきょう》を信じられても、謗法があるならば必ず地獄《じごく》に堕《お》ちるのです。千杯分の漆《うるし》の中に蟹《かに》の足を一つ入れたようなものです。寿量品《じゅりょうほん》に「毒気《どっけ》が深く入って本心《ほんしん》を失《うしな》ったからである」とあるのは、このことです。

日蓮大聖人《にちれんだいしょうにん》は本抄《ほんしょう》で、末法《まっぽう》における成仏《じょうぶつ》の要諦《ようてい》は南無妙法蓮華経であり、それを弘《ひろ》める正しい師に従《したが》っていくことであると示され、人々を不幸へ導《みちび》く悪とは徹底して戦うよう教えられています。

「謗法《ほうぼう》」とは、正法《しょうほう》を誹謗《ひぼう》することです。万人成仏《ばんにんじょうぶつ》の法を誹謗するということは、自他共《じたとも》の幸福の道を閉ざすことになります。

ゆえに大聖人《だいしょうにん》は、謗法《ほうぼう》を責《せ》めずに、いくら仏道《ぶつどう》修行に励んでも、火の中に水を、水の中に火を探し求めるように愚《おろ》かなことだと述《の》べられます。さらに、たくさんの漆《うるし》も蟹《かに》の足を一本入《い》れるだけで効力がなくなってしまうように、謗法が少しでもあれば、地獄《じごく》に堕《お》ちるとまで仰《おお》せです。

悪と戦わなければ、自身の生命の無明《むみょう》に、のみ込まれてしまいます。悪を許さず、謗法《ほうぼう》を責《せ》め抜く中に、真実の幸福はあるのです。だからこそ常に求道《きゅうどう》の心を燃やし、自分自身の内に潜《ひそ》む「臆病《おくびょう》」や「諦《あきら》め」という魔性《ましょう》の働きに負けないことが大切です。

創価三代の会長は、あらゆる大難《だいなん》と戦い抜き、学会の正義を満天下《まんてんか》に示してきました。その師の心を受け継《つ》ぎ、わが地域で「正義」を堂々《どうどう》と語りながら、友情のスクラムを、大きく広げていきましょう。

池田大作先生の指導から

「内なる悪」を自覚し、その克服《こくふく》に努力しなければ、とたんに悪に染《そ》まってしまう。その意味で、「善人《ぜんにん》」とは「悪と戦っている人」です。外の悪と戦うことによって、自分の内なる悪を浄《じょう》化《か》している人のことです。この軌道《きどう》が人間革命の軌道です。（『普及版　法華経の智慧　中』）

この法門《ほうもん》を日蓮《にちれん》申《もう》す故《ゆえ》に、忠言耳《ちゅうげんみみ》に逆《さか》らう道理《どうり》なるが故に、流罪《るざい》せられ、命《いのち》にも及《およ》びしなり。しかれども、いまだこり《懲》ず候《そうろう》。法華経《ほけきょう》は種《たね》のごとく、仏《ほとけ》はうえて《植手》のごとく、衆生《しゅじょう》は田《た》のごとくなり。

（新一四三五㌻・全一〇五六㌻）

この法門《ほうもん》を日蓮《にちれん》が説《と》くので、「忠言《ちゅうげん》は耳に逆《さか》らう」という道理であるから、流罪《るざい》にされたり、命にも及《およ》んだのです。しかしながら、いまだ懲《こ》りてはいません。譬《たと》えて言えば、法華経《ほけきょう》は種であり、仏《ほとけ》は植え手であり、衆生《しゅじょう》は田です。

日蓮大聖人《にちれんだいしょうにん》は、人々の苦悩の根本《こんぽん》原因である謗法《ほうぼう》の誤《あやま》りを徹底して破折《はしゃく》し、万人成仏《ばんにんじょうぶつ》のための正法弘通《しょうほうぐつう》の大闘争《だいとうそう》を繰り広げられました。

その結果、「忠告の言葉は、素直に聞き入れられない」との道理のままに、竜《たつ》の口《くち》の法難《ほうなん》や佐《さ》渡流罪《どるざい》など、命に及《およ》ぶ大難《だいなん》に遭《あ》われたのです。

しかし大聖人《だいしょうにん》は、熾烈《しれつ》な障魔《しょうま》の嵐にも、「いまだこり《懲》ず候《そうろう》」と敢然《かんぜん》と正義の師子吼《ししく》を放《はな》ち続けられます。

まさに、〝正義と民衆を守るため、悪とは徹して戦い抜く〟との万人救済《ばんにんきゅうさい》の大情熱と、〝真実の師に連《つら》なり、勝利の人生を生き抜け！〟との弟子への大慈悲《だいじひ》の宣言であると拝《はい》されます。

そして大聖人《だいしょうにん》は、この妙法流布《みょうほうるふ》の実践を、田に種を植えることに譬《たと》えられています。

衆生《しゅじょう》の生命という田に、法華経《ほけきょう》という種を植える――それは、正義の対話によって衆生の仏性《ぶっしょう》を呼び覚ますことにほかなりません。

師と共に、広布《こうふ》の理想に生き抜くという、最も尊《とうと》い人生を歩む私たちは、民衆を思う師の不屈《ふくつ》の精神を受け継《つ》ぎ、今いる場所から幸福のスクラムを広げましょう。

池田大作先生の指導から

仏法の師弟に生きることとは、人類の平和と幸福の大道《だいどう》を開く、無上《むじょう》の人生を歩むことです。

貪《むさぼ》りと怒《いか》りと無知《むち》で枯渇《こかつ》した生命の大地に、「智慧《ちえ》の滋養《じよう》」と「慈悲《じひ》の潤《うるお》い」をもたらし、すべての生命を豊穣《ほうじょう》なる緑野《りょくや》に蘇《よみがえ》らせていく――これこそが、仏法の師弟《してい》の誓《ちか》いです。

（『希望の経典「御書」に学ぶ　3』）

兄《きょう》弟《だい》抄《しょう》

（新一四六八ページ〜一四八一ページ）
（全一〇七九ページ〜一〇八九ページ）

“Letter to the Brothers”

戸田先生と私が師弟《してい》して、この「信心の姿勢」を学ぶ重書《じゅうしょ》として拝読《はいどく》した御聖訓《ごせいくん》が、「兄弟抄《きょうだいしょう》」です。（中略）

日蓮大聖人《にちれんだいしょうにん》は、この「兄弟抄」で、「師弟不二《ふに》」「異体同心《いたいどうしん》」の信心で堂々《どうどう》と一切《いっさい》の魔性《ましょう》を乗《の》り越《こ》えゆけ、と門下《もんか》に教《おし》えてくださっています。

まさに「学会永遠の五指針」の源流《げんりゅう》となる御書とも拝《はい》されます。

（『勝利の経典「御書」に学ぶ 2』）

本抄について

建治《けんじ》二年（一二七六年）に著《あらわ》され、武蔵国池上《むさしのくにいけがみ》（東京都大田区）の門下《もんか》である池上兄弟に与えられたお手紙です。

池上家は、有力な工匠《こうしょう》として鎌倉幕府《かまくらばくふ》に仕《つか》えていました。父（康光《やすみつ》）は、日蓮大聖人《にちれんだいしょうにん》に敵対する極楽寺良観《ごくらくじりょうかん》の信奉者で、兄弟の信仰に反対する父に、兄（宗仲《むねなか》）が勘当《かんどう》されました。その報告に対し、認《したた》められたのが本抄《ほんしょう》です。

武家社会における勘当《かんどう》は、社会的立場も経済的基盤も剥奪《はくだつ》されるという厳しいものでした。そして、兄の勘当は、弟（宗長《むねなが》）にとって、信仰を捨てれば家督《かとく》の一切《いっさい》を相続できることを意味します。

こうした中にあって、大聖人《だいしょうにん》は池上兄弟と、その夫人たちに「難《なん》を乗り越える信心」を教え、団結して苦境《くきょう》を打開していくよう、全精魂《ぜんせいこん》の励ましを送られます。

本抄《ほんしょう》の後、兄は二度目の勘当《かんどう》をされましたが、兄弟は大聖人《だいしょうにん》の御指導通りに実践し続け、最後には父が入信するのです。

49

この経《きょう》を経のごとくにとく《説》人に値《あ》うことが難《かた》きにて候《そうろう》。たとい一眼《いちげん》の亀《かめ》は浮《う》き木《ぎ》には値うとも、はちす《蓮》のいと《糸》をもって須弥山《しゅみせん》をば虚空《こくう》にかく《懸》とも、法華経《ほけきょう》を経のごとく説《と》く人にあい《値》がたし。

（新一四七〇ページ・全一〇八〇ページ）

法華経《ほけきょう》を経文《きょうもん》の通りに説《と》く人に巡《めぐ》りあうことは難しいのです。たとえ一眼《いちげん》の亀《かめ》が浮《う》き木《ぎ》に巡りあうことがあっても、蓮《はす》の糸で須弥山《しゅみせん》を大空に吊《つる》すことができたとしても、法華経を経文の通りに説く人に巡りあうことは難しいのです。

日蓮大聖人《にちれんだいしょうにん》は、「法華経《ほけきょう》を経文《きょうもん》通りに弘《ひろ》める人」に巡《めぐ》りあうことが、どれほど難しいかを、譬《たと》えを通して示されます。深海にすむ「一眼《いちげん》の亀《かめ》」が、大海原《おおうなばら》の中で、自分の体にちょうどいい浮《う》き木《ぎ》に巡りあうこと。世界の中心にあるとされた須弥山《しゅみせん》という大きな山を、蓮《はす》の茎《くき》から作った細い糸で吊《つ》り上げるということ。このような、現実的には起こり得ないことが実現する以上に、師とすべき「法華経の行者《ぎょうじゃ》」に出会うことは難しいと仰《おお》せです。では、「法華経の行者」とはいかなる人なのでしょうか。経文には、末法《まっぽう》において法華経を弘めゆく法華経の行者には必ず三類《さんるい》の強敵《ごうてき》が競《きそ》い起こると説《と》かれています。三類の強敵を呼び起こし、命に及《およ》ぶ迫害《はくがい》の中、正法弘通《しょうほうぐつう》に戦い抜かれた大聖人こそ、「法華経を経文の通りに説く人」なのです。

大聖人《だいしょうにん》に縁《えん》して、弟子となること以上の誉《ほま》れはありません。なかんずく現代において、大聖人の御精神をそのまま継承《けいしょう》する創価三代の師弟に連《つら》なり、学会とともに広布《こうふ》に生き抜く人生がどれほど偉大であるか——。私たちの福運《ふくうん》は計り知れないのです。

師と時を同じく戦いゆく歓喜《かんき》を胸に、どこまでも自身の使命を果《は》たし抜いていきましょう。

池田大作先生の指導から

大聖人《だいしょうにん》と巡《めぐ》りあえることが、どれほど稀《まれ》なことであるのか。それとともに、大聖人滅後《めつご》の後世《こうせい》の人々にとって、法華経《ほけきょう》の真髄《しんずい》である妙法《みょうほう》を、大聖人の御書の通りに弘通《ぐつう》する、仏法の正しき指導者に巡りあうことも、これまた至難《しなん》です。

私自身、この世に生を受けて、広宣流布《こうせんるふ》の師匠《ししょう》である戸田先生と出会い、師弟《してい》の契《ちぎ》りを結ばせていただいた以上の喜びはありません。この妙法《みょうほう》を実践《じっせん》しようと思えたのも、戸田先生にお会いして、「この人ならば信じられる」と確信《かくしん》したからです。（『勝利の経典「御書」に学ぶ　2』）

この度《たび》こそまこと《真》の御信用《ごしんよう》はあらわれて、法華《ほけ》経《きょう》の十羅刹《じゅうらせつ》も守護《しゅご》せさせ給《たも》うべきにて候《そうろう》らめ。雪《せっ》山童子《せんどうじ》の前に現《げん》ぜし羅刹は帝釈《たいしゃく》なり。尸毘王《しびおう》のはと《鳩》とは毘沙門天《びしゃもんてん》ぞかし。十羅刹、心《こころ》み給《たま》わんがために、父母の身に入《い》らせ給いてせめ《責》給《たも》うこともやあるらん。

（新一四七四㌻・全一〇八三㌻）

このたびの難《なん》においてこそ、あなたがたの本当の信心があらわれて、法華経《ほけきょう》の会座《えざ》に連《つら》なった十羅刹女《じゅうらせつにょ》も必ず守護するに違いありません。雪山童子《せっせんどうじ》の前に現《あらわ》れた鬼神《きじん》は帝釈天《たいしゃくてん》でした。尸《し》毘王《びおう》が助けた鳩《はと》は毘沙門天《びしゃもんてん》だったのです。十羅刹女が信心を試すために、父母の身に入って責《せ》めることもあるでしょう。

日蓮大聖人《にちれんだいしょうにん》は、念仏《ねんぶつ》を信仰する父からの勘当《かんどう》という大難《だいなん》によって、かえって、池上兄弟の「本当の信心」が現《あらわ》れ、必ず諸天善神《しょてんぜんじん》が守護するに違いないと仰《おお》せです。

その理由として、雪山童子《せっせんどうじ》の信心を試そうと、帝釈天《たいしゃくてん》が鬼《おに》の姿で現《あらわ》れたことなどを挙《あ》げて、諸《しょ》天善神《てんぜんじん》はその人の信心が本物かどうかを試していると示されます。そして、今回の勘当《かんどう》も十羅刹《じゅうらせつ》女《にょ》が父の身に入って兄弟の信心を試しているのであり、今こそ強盛《ごうじょう》な信心で戦い切る時であると励まされています。

苦難《くなん》にぶつかった時、心の弱さに負けて信心から離れてしまうのか、それとも、今こそ宿命転《しゅくめいてん》換《かん》のチャンスと確信し、いよいよの祈りで立ち向かうのか――そこに人生勝利の分岐点がありま す。信心が本物であれば、諸天善神《しょてんぜんじん》は必ず守護します。疑いのない信心を貫《つらぬ》けば、いかなる宿命も、幸福の方向へと転換できるのです。法華経《ほけきょう》の行者《ぎょうじゃ》に競《きそ》い起こる難《なん》は、何があっても揺《ゆ》るがない不退転《ふたいてん》の信心を胸中《きょうちゅう》に打ち立てるための「生命の鍛錬《たんれん》」です。

どこまでも信心強く、朗《ほが》らかに前進する中で、崩《くず》れざる幸福の土台が築かれるのです。

池田大作先生の指導から

自分の心の弱さゆえに退転《たいてん》してしまえば、それは第六天の魔王《まおう》の責《せ》め苦《く》に敗《やぶ》れたことになります。反対に、自分の心が固いゆえに不退転《ふたいてん》を貫《つらぬ》けば、それは諸天《しょてん》の試練に打ち勝ったと振り返ることができます。要するに、どこまでいっても自分の「心」で決まるのです。諸天善神《ぜんじん》の加護《かご》といっても、本質は、自身の信心の力《ちから》です。（『勝利の経典「御書」に学ぶ 2』）

一切《いっさい》はおやに随《したが》うべきにてこそ候《そうら》えども、仏《ほとけ》に成なる道《みち》は随わぬが孝養《こうよう》の本《もと》にて候《そうろう》か。

（新一四七六ジペー・全一〇八五ジペー）

一切《いっさい》のことは親に随《したが》うべきではありますが、仏《ほとけ》に成《な》る道においては親に随わないことが孝養《こうよう》の根本《こんぽん》なのではないでしょうか。

親に従《したが》って信心をやめるか、それとも信心を貫《つらぬ》くか——日蓮大聖人《にちれんだいしょうにん》は、苦難《くなん》の渦中《かちゅう》にいる池上兄弟に、真《しん》の孝養《こうよう》、つまり親孝行とは何かを教えられています。

世間では、親の意見を尊重《そんちょう》し、従《したが》うことが親孝行であると考えられています。大聖人《だいしょうにん》も、さまざまな御書の中で、親孝行の重要性を示されています。その上で、仏法の信仰に対しては、反対する親には〝従わない〟ことが、孝養《こうよう》の根本《こんぽん》であると述《の》べられています。

「親に従《したが》わない」という点だけを見ると、親不孝のように感じるかもしれません。しかし、大聖《だいしょう》人《にん》は門下《もんか》に対し、妙法《みょうほう》を行《ぎょう》ずる功徳《くどく》は「ただ自分一人だけが成仏《じょうぶつ》するばかりでなく、父母もまた即身成仏《そくしん》するのである。これが第一の孝養《こうよう》である」（新一三二八㌻・全九八四㌻、通解）と仰《おお》せです。

法華経《ほけきょう》は、万人成仏《ばんにんじょうぶつ》の唯一の法です。ゆえに、いかなることがあろうとも、信心から離れて成仏はありません。たとえ一時的には親に背《そむ》くようにみえても、信心根本《こんぽん》に広宣流布《こうせんるふ》に生き抜くことで、自分自身が真《しん》の幸福をつかみ、さらには、親をも幸福の軌道《きどう》へと導《みちび》くことができる――ここに、本当の親孝行の道があるのです。

信心根本《こんぽん》に自《みずか》らの使命を果《は》たしながら、最高の孝養《こうよう》の人生を貫《つらぬ》きましょう。

池田大作先生の指導から

元来《がんらい》、「信仰」と「孝養《こうよう》」は、どちらか一方《いっぽう》だけを選び取るような問題ではありません。むしろ、孝養の重要性を説《と》き明《あ》かしているのが大聖人《だいしょうにん》の仏法です。また、真《しん》の孝養とは何かを教えているのです。（中略）

学会の同志にも、両親から信心への理解を得られないなかで活動に励《はげ》まれている方がいます。しかし、あせる必要もなければ、信仰を無理強《むりじ》いする必要もありません。一家のだれか一人が、真面目に信心に励んでいけば、本末究竟《ほんまつくきょう》して等しく一家一族が永遠に勝ち栄《さか》えゆくことは間《ま》違《ちが》いないからであります。（『勝利の経典「御書」に学ぶ　2』）

未来までの物語《ものがたり》、なに事《ごと》かこれに過《すぎ》候《そうろう》べき。
（新一四七七ジペー・全一〇八六ジペー）

兄弟二人の信心は、未来まで語り継《つ》がれる物語として、これ以上のものはないでしょう。

弟子の勝利を誰よりも喜ばれるのが、日蓮大聖人《にちれんだいしょうにん》であられます。池上兄弟が団結して戦う姿に対し、大聖人《だいしょうにん》は「未来までの物語《ものがたり》」として、これ以上に素晴らしいものはないであろうとまで述《の》べられています。

兄弟は、師匠からの励ましを胸に、御指導通りに信心を貫《つらぬ》きました。そして、本抄《ほんしょう》をいただいた後、兄の二度目の勘当《かんどう》という試練も乗り越え、ついには、父を入信に導《みちび》くことができたのです。兄弟の信心の実証《じっしょう》は、まさに、未来永遠に語り継《つ》がれる「勝利の物語」と言えましょう。

現代においても、兄弟と夫人たちの実践は、信仰の不屈《ふくつ》の戦いの軌跡《きせき》として私たちの模範と輝《かがや》いています。

どんな悩みや苦難《くなん》にも負けず、師弟に生き抜く姿そのものが、未来に続く〝弟子の模範〟となるのです。また、一人の勝利の体験が、未来までの世界広布《こうふ》の物語になります。

一人の人間革命は確実に周囲に波動《はどう》を広げていきます。自分が変われば世界が変わるという勝利の方程式を現実に証明し語り広げてきたのが創価の歴史なのです。

私たちも日々、目の前の課題と信心根本《こんぽん》に格闘しながら、自他共《じたとも》の幸福の物語をつづっていきましょう。

池田大作先生の指導から

この「ものがたり」を現代に蘇《よみがえ》らせ、勝利の旗《はた》を一人ひとりの人生において打《う》ち立《た》ててきたのが、わが創価学会員です。

学会員の体験談には、御書の仰《おお》せのままに信仰を貫《つらぬ》き、難《なん》を乗《の》り越《こ》え、各人が幸福を実現《じつげん》し、一家和楽《わらく》、絶対《ぜったい》勝利、健康長寿《ちょうじゅ》の大道《だいどう》を築《きず》き上《あ》げてきた無数《むすう》の人間劇場《げきじょう》があります。

日本中に、否《いな》、世界中に、「創価の池上兄弟」が誕生《たんじょう》しています。

（『勝利の経典「御書」に学ぶ　8』）

この法門《ほうもん》を申《もう》すには、必《かなら》ず魔《ま》出来《しゅったい》すべし。魔競《きそ》わずば、正法《しょうほう》と知るべからず。第五の巻《まき》に云《い》わく「行解《ぎょうげ》既《すで》に勤《つと》めぬれば、三障《さんしょう》四魔《しま》、紛然《ふんぜん》として競《きそ》い起《お》こる乃至《ないし》随《したが》うべからず、畏《おそ》るべからず。これに随えば、人を将《ひき》いて悪道《あくどう》に向《む》かわしむ。これを畏るれば、正法を修《しゅ》することを妨《さまた》ぐ」等云々《うんぬん》。

（新一四七九ジペー・全一〇八七ジペー）

この法門《ほうもん》を説《と》けば、必ず魔《ま》が現《あらわ》れます。魔が競《きそ》い起こらなければ、正法《しょうほう》であると知ることはできません。『摩訶止観《まかしかん》』の第五の巻《まき》には「修行が進み、理解が深まれば、三障四魔《さんしょうしま》が入り乱《みだ》れて競い起こる。（中略）だが、これに随《したが》ってはならない。畏《おそ》れてはならない。これに随えば、まさに人を悪道《あくどう》に向かわせる。これを畏れるならば、正法を修行することの妨《さまた》げとなる」等と書かれています。

日蓮大聖人《にちれんだいしょうにん》は、法華経《ほけきょう》を信仰するゆえに難《なん》が起こるのは必然であり、断《だん》じて魔《ま》に負けてはならないと教えられます。

妙法《みょうほう》は、万人成仏《ばんにんじょうぶつ》を説《と》く唯一の法です。すべての人の生命変革を可能にする「正法《しょうほう》」だからこそ、妙法を信じ、語り弘《ひろ》めようとすると、前進を妨《さまた》げる障魔《しょうま》が現《あらわ》れるのです。

「行解既《ぎょうげすで》に勤《つと》めぬれば」とある通り、仏法の実践に励み、仏法の理解が深まった時、「三障四魔《さんしょうしま》」は競《きそ》い起こります。この障魔《しょうま》に打ち勝つ要諦《ようてい》として、大聖人《だいしょうにん》は「随《したが》ってはならない」「畏《おそ》れてはならない」の二点を示されます。信心根本《こんぽん》に、魔《ま》に従《したが》わない「智慧《ちえ》」と、魔を恐れない「勇気」を持つ。そして魔を魔と見破《みやぶ》り、〝来るなら来い〟と迎え撃つ時、魔は退散するのです。

魔《ま》に敗《やぶ》れてしまえば、幸福への道を外《はず》れてしまうことになります。ゆえに、障魔《しょうま》が現《あらわ》れた時こそ、大きく境涯《きょうがい》を開く「人間革命」「宿命転換《しゅくめいてんかん》」のチャンスと捉《とら》え、一歩も引かないことが大切です。一切《いっさい》の障魔を打ち破《やぶ》る〝勇気の信心〟を貫《つらぬ》き、幸福勝利の大道《だいどう》を歩んでいきましょう。

池田大作先生の指導から

「三類《さんるい》の強敵《ごうてき》」「三障四魔《さんしょうしま》」。これらの難《なん》は、「あなたの進む道に間違《まちが》いはありませんよ」「これを乗《の》り越《こ》えれば必《かなら》ず仏《ほとけ》になれますよ」という最高の保証です。難があるから今、進んでいる広布《こうふ》の道が正しいと分かる。生々《しょうじょう》世々、仏の軌道《きどう》に入っていくと確信できる。（中略）

仏道修行《ぶつどうしゅぎょう》の〝卒業試験〟とも言えるだろう。「三類《さんるい》の強敵《ごうてき》」が競《きそ》い起こった時こそ、じつは、成仏《じょうぶつ》の「軌道《きどう》」に入るチャンスなのです。入れば、永遠に仏《ほとけ》です。（『普及版　法華経の智慧　上』）

「心《こころ》の師《し》とはなるとも、心を師とせざれ」とは六波羅蜜経《ろくはらみつきょう》の文《もん》なり。たといいかなるわずら煩わしきことありとも、夢《ゆめ》になして、ただ法華経《ほけきょう》のことのみさばくらせ捌給《たも》うべし。

（新一四八一ジペー・全一〇八八ジペー）

「心の師とはなっても、自分の心を師としてはならない」とは、六波羅蜜経《ろくはらみつきょう》の文《もん》です。たとえ、心を煩《わずら》わせる、どのようなことがあっても、夢のようなものだと思って、ただ法華経《ほけきょう》のことだけに専念《せんねん》していきなさい。

私たちは、「心」一つで自身の可能性を無限に広げゆくことができます。「心こそ大切」――瞬間瞬間、どういう心で生きるかによって、人生の幸・不幸が決定づけられていくのです。日蓮大聖人《にちれんだいしょうにん》は、「心の師とはなるとも、心を師とせざれ」との六波羅蜜経《ろくはらみつきょう》の文《もん》を示され、人生勝利の要諦《ようてい》を教えられています。縁《えん》に触れて揺《ゆ》れ動く自身の「凡夫《ぼんぷ》の心」を中心にしてしまえば、競《きそ》い起こる障魔《しょうま》を乗り越えることはできません。何があっても微動《びどう》だにしない自身を築くためには、「法」を根本《こんぽん》として心を律《りっ》し、鍛《きた》え続けていくことが必要です。それが〝心の師となる〟生き方です。

自分中心ではなく、絶対の「法」を根本《こんぽん》に生きるということであり、その模範となるのが「師匠」です。どこまでも求道《きゅうどう》の心で、師弟不二の人生を生きる中に、最高の幸福があります。

ゆえに、大聖人《だいしょうにん》は、どんなに苦しく、つらいことがあろうとも、夢だと思って、「法華経《ほけきょう》のことのみ」――広宣流布《こうせんるふ》のために心を定《さだ》めるよう教えられています。師匠と同じく広布《こうふ》の大願《だいがん》に生きるからこそ、境涯《きょうがい》を大きく開くことができ、目の前の苦悩さえ成長の糧《かて》とすることができるのです。師と同じ大願に立てば、どんな悩みや試練にも打ち勝っていくことができる――この確信を胸に、前進していきましょう。

池田大作先生の指導から

「心の師」――断固として揺《ゆ》れ動くことのない不動の根拠とは「法」しかありません。したがって、「法」を悟《さと》り弘《ひろ》める仏《ほとけ》の説《と》き残した「経典《きょうてん》」が大事になります。私たちで言えば、「御本尊《ごほんぞん》根本《こんぽん》」「御書根本」の姿勢が「心の師」を求《もと》めることになります。そして、「法」と私たちを結びつけるのが、仏法実践《じっせん》の「師匠《ししょう》」の存在です。自分中心の慢心《まんしん》ではなく、師弟不二《していふに》の求道《きゅうどう》の信心に生《い》き抜《ぬ》くことが「心の師」を求める生き方にほかなりません。（『勝利の経典「御書」に学ぶ　2』）

崇峻天皇御書《すしゅんてんのうごしょ》

（三種財宝御書《さんしゅざいほうごしょ》）

（新一五九二ページ〜一五九七ページ）
（全一一七〇ページ〜一一七四ページ）

“The Three Kinds of Treasure”

仏法者として、いかに正しく行動していくのか。
苦境《くきょう》を打《う》ち破《やぶ》るために、いかに強く賢《かしこ》く振《ふ》る舞《ま》うべきか。
この真髄《しんずい》の生き方が本抄《ほんしょう》の随所《ずいしょ》に綴《つづ》られています。
私たちは広布《こうふ》と人生の勝利の糧《かて》として、
日蓮大聖人《にちれんだいしょうにん》が示された賢人《けんじん》の生き方を
深く学んでいきたい。

（『勝利の経典「御書」に学ぶ　4』）

本抄について

建治《けんじ》三年（一二七七年）九月、身延《みのぶ》（山梨県南巨摩郡《みなみこまぐん》）で認《したた》められ、鎌倉《かまくら》の四条金吾《しじょうきんご》に送られたお手紙です。別名を「三種財宝御書《さんしゅざいほうごしょ》」と言います。

金吾《きんご》は、主君《しゅくん》・江間《えま》氏を折伏《しゃくぶく》したことから遠ざけられるようになり、所領没収《しょりょうぼっしゅう》の危機にありました。しかし、その後、江間氏が病《やまい》に倒《たお》れたことで、医術の心得《こころえ》のある金吾が治療に当たることになったのです。本抄《ほんしょう》は、その報告に対する御返事です。

まず、「内薫外護《ないくんげご》」の法理を示され、自身の強き信心によって諸天《しょてん》の加護《かご》が現《あらわ》れることを教えられます。

さらに、主君《しゅくん》から信頼を回復する好機《こうき》である半面、金吾《きんご》を妬《ねた》む勢力からの圧迫《あっぱく》が悪化することを心配された大聖人《だいしょうにん》は、細心《さいしん》の注意を払うよう、事細《ことこま》かく指導されます。そして、人生において大事なことは「心の財《たから》」を積むことであり、信心根本《こんぽん》の「人の振《ふ》る舞《ま》い」を貫《つらぬ》く中に勝利があることを示されます。

人身《じんしん》は受けがたし、爪《つめ》の上の土。人身は持《たも》ちがたし、草の上の露《つゆ》。百二十まで持って名をくたし《腐》て死せんよりは、生きて一日なりとも名をあげん《上》ことこそ大切なれ。

（新一五九六ページ・全一一七三ページ）

人間として生を受けることはまれであり、爪《つめ》の上に乗った土のようにごく少ない。人間として命を持ち続けることは難しく、草の上の露《つゆ》のようにはかない。百二十まで生きて名をけがして死ぬよりは、生きて一日でも名をあげることこそ大切です。

日蓮大聖人《にちれんだいしょうにん》は本抄《ほんしょう》を通し、勝利の人生を歩むために大切な信心根本《こんぽん》の「生き方」を教えられています。人間として、この世に生まれることは「爪《つめ》の上の土」のようにまれであり、人間の一生というものは「草の上の露《つゆ》」のように、はかないものである——。大聖人は、人の命がどれほどかけがえのないものかを示された上で、人生の価値は生きた長さよりも、何のために、どのように生きたかによって決まると仰《おお》せです。

人間として生まれ、あい難《がた》き師匠に巡《めぐ》りあい、広宣流布《こうせんるふ》に生きる。この何にもかえることのできない無上《むじょう》の幸福の人生を、一瞬たりとも無駄にすることなく生き抜くよう教えられているのです。〝名をあげる〟とは、単に社会的に地位や名誉を得るということではありません。人のため、法のために尽くすことで、周囲の人々から信頼と賞讃《しょうさん》が寄せられることです。信心根本《こんぽん》に前進する私たちの振《ふ》る舞《ま》いであり、現実社会の中で実証《じっしょう》を示し、広宣流布《こうせんるふ》しゆく姿そのものであるといえます。自身の勝利の姿によって、仏法の偉大さ、師匠の正義を堂々《どうどう》と示すことができるのです。使命の舞台でさらなる成長を目指し、かけがえのない一日一日を送っていきましょう。

池田大作先生の指導から

本当に偉大《いだい》な人生とは何か──。戸田先生は語《かた》っておられた。「本当に偉大な人生とは、権力者になることでもなければ、いわゆる有名な人間になることでもない。創価学会のリーダーとなって、広宣流布《こうせんるふ》に尽くしていくことこそ、最高にして永遠の誉《ほま》れである」

これが先生の絶対《ぜったい》の確信《かくしん》であった。（中略）

広宣流布《こうせんるふ》に生きぬくことが最高に「名をあげる」ことである。広宣流布の人生こそ、もっとも偉大な人生なのである。それが大聖人《だいしょうにん》の御確信であられた。青年部の皆さんは、この一点を生《しょう》涯《がい》、忘《わす》れないでいただきたい。（「第五十一回本部幹部会でのスピーチ」、『池田大作全集 98』収録）

「中務三郎左衛門尉《なかつかさのさぶろうざえもんのじょう》は、主《しゅ》の御《おん》ためにも、仏法の御ためにも、世間《せけん》の心《こころ》ね《根》も、よかりけり、よかりけり」と、鎌倉《かまくら》の人々《ひとびと》の口にう《謳》たわれ給《たま》え。あなかしこ、あなかしこ。蔵《くら》の財《たから》よりも身《み》の財すぐ《勝》れたり、身の財より心の財第一なり。この御文《おんふみ》を御覧《ごらん》あらんよりは、心の財をつ《積》ませ給《たも》うべし。

（新一五九六㌻・全一一七三㌻）

「中務三郎左衛門尉《なかつかさのさぶろうざえもんのじょう》（四条金吾《しじょうきんご》）は、主君《しゅくん》に仕《つか》えることにおいても、仏法に尽くすことにおいても、世間における心がけにおいても、大変に素晴らしい」と鎌倉《かまくら》の人びとの口にうたわれていきなさい。「蔵《くら》の財《たから》」よりも「身の財」がすぐれています。「身の財」よりも『心の財』が第一です。この手紙をご覧《らん》になってからは、「心の財」を積んでいきなさい。

仏法者の勝利の実証《じっしょう》は、人々が称賛《しょうさん》せずにはいられない「人間性の輝《かがや》き」にあります。

ゆえに、一人一人が現実社会の中で信頼を勝ち得ることが、広宣流布《こうせんるふ》の戦いであるといえます。

日蓮大聖人《にちれんだいしょうにん》は、苦難《くなん》と戦う愛弟子《まなでし》の勝利の人生を願い、主君《しゅくん》との関係においても、信仰者としても、そして世間からも「よかりけり」と称賛《しょうさん》される人に、との指標《しひょう》を送られました。人として、あらゆる場面で仏性《ぶっしょう》の輝《かがや》きを放《はな》つことこそが、仏法者としての真《しん》の勝利なのです。そのために大事なことは、絶《た》えず心を磨《みが》くことであると、三種の「財《たから》」を通して教えられています。

「蔵《くら》の財《たから》」とは、物質的な財産のこと。「身《み》の財」とは、健康や学識、身につけた技能。「心《こころ》の財」とは、信心であり、信心によって磨《みが》かれた心の豊かさともいえます。信心を根本《こんぽん》とすることによって、「蔵の財」「身の財」も最大限に生かせます。学会活動で積む「心の財」こそ最高の宝です。「心の財」を第一として、使命の舞台で、信頼される自身へと成長していきましょう。

池田大作先生の指導から

「何があっても負《ま》けない」という、断固《だんこ》たる自分自身を創《つく》り上げるために、正《ただ》しき生命哲学《てつがく》がある。常《つね》に勝って「これ以上の幸《しあわ》せはない」という人生を飾《かざ》っていくために、青春《せいしゅん》時代の信心修《しゅ》行《ぎょう》があるのだ。（中略）

泥沼《どろぬま》のような現実社会の真《ま》っ只中《ただなか》で、わが女子部は若き華陽の生命を光《ひか》らせ、希望と勇気《ゆうき》を放《はな》ってくれている。人の何倍《なんばい》も忙《いそが》しく、苦労《くろう》も多いに違《ちが》いない。

けれども、だからこそ、一日一日、無量《むりょう》の「心の財《たから》」が積《つ》まれ、「一閻浮提《いちえんぶだい》第一」の大功徳《だいくどく》に包《つつ》まれていくのだ。（『随筆　幸福の大道』）

一代《いちだい》の肝心《かんじん》は法華経《ほけきょう》、法華経の修行《しゅぎょう》の肝心は不《ふ》軽品《きょうほん》にて候《そうろう》なり。不軽菩薩《ぼさつ》の人を敬《うやま》いしは、いかなることぞ。教主釈尊《きょうしゅしゃくそん》の出世《しゅっせ》の本懐《ほんかい》は人の振《ふ》る舞《ま》いにて候《そうら》いけるぞ。あなかしこ、あなかしこ。賢《かしこ》きを人《にん》と云《い》い、はかな《果無》きを畜《ちく》という。

（新一五九七㌻・全一一七四㌻）

釈尊一代《しゃくそんいちだい》の肝心《かんじん》は法華経《ほけきょう》であり、法華経の修行の肝心は不軽品《ふきょうほん》です。不軽菩薩《ぼさつ》が人を敬《うやま》ったことには、どのような意味があるのでしょうか。教主《きょうしゅ》釈尊の出世《しゅっせ》の本懐《ほんかい》は、人の振《ふ》る舞《ま》いを示すことにあったのです。くれぐれも、よくお聞きなさい。賢《かしこ》きを人といい、愚《おろ》かを畜生《ちくしょう》というのです。

日蓮大聖人《にちれんだいしょうにん》は、主君《しゅくん》・江間《えま》氏からの信頼を取り戻せるかどうかの大事な局面《きょくめん》にいる四条金吾《しじょうきんご》に対し、苦境《くきょう》の時こそ人としての振《ふ》る舞《ま》いが大切であると教えられています。

釈尊《しゃくそん》が説《と》いた一切経《いっさいきょう》の真髄《しんずい》は法華経《ほけきょう》です。法華経こそ、万人成仏《ばんにんじょうぶつ》を可能とする唯一の法であるからです。しかし、「法」は目に見えません。「法自《おの》ずから弘《ひろ》まらず、人《にん》法を弘むるが故《ゆえ》に、人法《にんぽう》ともに尊《たっと》し」（新二二〇〇㌻・全八五六㌻）と仰《おお》せのように、法の偉大さは、その法を持《たも》ち、実践する人の振《ふ》る舞《ま》いによって、初めて証明されるといえます。

ゆえに大聖人《だいしょうにん》は、法華経《ほけきょう》の修行の真髄《しんずい》が、不軽菩薩《ふきょうぼさつ》の「人を敬《うやま》う振《ふ》る舞《ま》い」にあることを明らかにされ、「仏《ほとけ》がこの世に出現した根本《こんぽん》目的は、人の振る舞いを示すことにあった」と述《の》べられています。不軽菩薩は、「すべての人に仏性《ぶっしょう》がある」と信じ抜き、どれだけ迫害《はくがい》されようとも、「二十四文字の法華経」を唱え、人々を敬い続けました。その結果、六根清浄《ろっこんしょうじょう》（生命の浄化）の功《く》徳《どく》を得て成仏《じょうぶつ》することができたのです。

「人を敬《うやま》う振《ふ》る舞《ま》い」――それは、無明《むみょう》を打ち破《やぶ》り、自他共《じたとも》の仏性《ぶっしょう》を輝《かがや》かせゆく勇気の挑戦です。この最も尊《とうと》い生き方を貫《つらぬ》く中に人間革命があり、生命の充実があります。

そして、一人を大切にする誠実な振《ふ》る舞《ま》いが、真《しん》の友情を広げるのです。

池田大作先生の指導から

「人の振《ふ》る舞《ま》い」こそ、仏法実践《じっせん》の肝要《かんよう》です。この振る舞いが相手《あいて》の生命を変える。

どこまでも「誠意」です。全身全霊《ぜんしんぜんれい》の「情熱《じょうねつ》」です。ひたむきな「真剣《しんけん》」です。その根本《こんぽん》は「勇気《ゆうき》」です。それでこそ、人々の心を大きく動かしていくことができる。（『御書と青年』）

聖人御難事《しょうにんごなんじ》

（新一六一八㌻～一六二一㌻）
（全一一八九㌻～一一九一㌻）

“On Persecutions Befalling the Sage”

大聖人《だいしょうにん》は「師子王《ししおう》の心を取《と》り出《いだ》せ！」と呼びかけられています。
ここに仏法の真骨頂《しんこっちょう》ともいうべき重要な観点があります。（中略）
「師子王の心」を取り出《だ》す鍵《かぎ》が
「月月《つきづき》・日日《ひび》につよる」強き信心です。

（「御書の世界　下」、『池田大作全集 33』収録）

本抄について

弘安《こうあん》二年（一二七九年）十月一日、身延《みのぶ》（山梨県南巨摩郡《みなみこまぐん》）で認《したた》められ、門下一同《もんかいちどう》に与えられたお手紙です。

当時、富士の熱原《あつはら》（静岡県富士市の一部）では、日興上人《にっこうしょうにん》を中心に弘教《ぐきょう》が進み、多くの農民門下が誕生していました。その勢いを恐れた悪僧《あくそう》は、権力者と結託《けったく》し、無実の罪で農民門下二十人を逮捕させたのです。

鎌倉《かまくら》の平左衛門尉頼綱《へいのさえもんのじょうよりつな》の屋敷《やしき》に移されて、拷問《ごうもん》に等しい取り調べを受け、法華経《ほけきょう》の信心を捨てるよう脅《おど》されますが、一人も退転《たいてん》しませんでした。

中心者の神四郎《じんしろう》・弥五郎《やごろう》・弥六郎《やろくろう》の三人は処刑され、残りの十七人は居住地から追放。この弾《だん》圧《あつ》を中心とする法難《ほうなん》を「熱原《あつはら》の法難」といいます。

大難《だいなん》の中で不惜身命《ふしゃくしんみょう》の信心を体現した弟子の姿に〝時〟を感じられた日蓮大聖人《にちれんだいしょうにん》は、「出世《しゅっせ》の本懐《ほんかい》」（仏《ほとけ》がこの世に出現した根本《こんぽん》の目的）を遂《と》げられることを本抄《ほんしょう》で宣言されます。そして、師子《しし》王《おう》のように勇敢な信心を貫《つらぬ》くよう励まされています。

各々《おのおの》、師子王《ししおう》の心を取《と》り出《い》だして、いかに人お《脅》どすともお《怖》ずることなかれ。師子王は百獣《ひゃくじゅう》におじず。師子《しし》の子《こ》、またかくのごとし。彼《かれ》らは野干《やかん》のほ《吠》うるなり。日蓮《にちれん》が一門《いちもん》は師子の吼《ほ》うるなり。

（新一六二〇㌻・全一一九〇㌻）

あなたがた一人一人が師子王《ししおう》の心を取《と》り出《だ》して、どのように人が脅《おど》そうとも、決して怖《おそ》れてはなりません。師子王は百獣《ひゃくじゅう》を怖れません。師子《しし》の子もまた同じです。彼ら（正法《しょうほう》を誹謗《ひぼう》する人々）は野干《やかん》が吠《ほ》えているのと同じです。日蓮《にちれん》の一門《いちもん》は師子が吼《ほ》えているのです。

「師子王《ししおう》の心」とは、大難《だいなん》を恐れず戦う勇気の心です。この無敵の仏《ほとけ》の生命は、本来、すべての人の胸中《きょうちゅう》に具《そな》わっています。ゆえに日蓮大聖人《にちれんだいしょうにん》は、各人が「取《と》り出《い》だして」いきなさいと仰《おお》せです。

「師子王《ししおう》」は、どんな敵にも勇猛果敢《ゆうもうかかん》に挑《いど》み、打ち勝つ百獣《ひゃくじゅう》の王です。この師子王のように、どんな大難《だいなん》をも不屈《ふくつ》の勇気で勝ち越えられてきたのが大聖人《だいしょうにん》です。

大聖人《だいしょうにん》は、大難《だいなん》の渦中《かちゅう》にある弟子に、「師子《しし》の子もまた同じである」と渾身《こんしん》の励ましを送られています。

師匠と不二の心で立ち上がる時、弟子の胸中《きょうちゅう》に師と同じ仏《ほとけ》の生命が涌現《ゆげん》し、いかなる苦難《くなん》をも乗り越えることができるのです。

「師子王《ししおう》の心」で戦う師弟に、怖《おそ》れるものはありません。正法《しょうほう》を誹謗《ひぼう》する人々が、どれだけ声を荒《あら》げようとも、「狐《きつね》の類《たぐい》が吠《ほ》えているようなもの」です。妙法《みょうほう》を強く信じ、広布《こうふ》に進む師弟の前では、何の妨《さまた》げにもなりません。

師子《しし》が吼《ほ》えるように、朗々《ろうろう》と題目を唱え、堂々《どうどう》と正義を語り抜くことが、師弟不二の大道《だいどう》です。師と共に勇気の対話を広げましょう。

池田大作先生の指導から

「師子王《ししおう》の心」を「取《と》り出《いだ》して」と仰《おお》せです。もともとないものは出せません。誰人《たれびと》の胸中《きょうちゅう》にも、「師子王の心」が必《かなら》ずある。それを「取り出す」源泉《げんせん》が師弟不二《していふに》の信心なのです。広宣流布《こうせんるふ》のために、不惜身命《ふしゃくしんみょう》で道を開いてこられた師匠《ししょう》の心が「師子王の心」です。

その心と不二になれば、わが生命に「師子王の心」が涌現《ゆげん》しないわけがない。(『御書と青年』)

月々日々《つきづきひび》につより《強》給《たま》え。すこしもたゆむ《弛》心あらば、魔《ま》たより《便》をう《得》べし。

(新一六二〇㌻・全一一九〇㌻)

月々日々に、一層強盛《いっそうごうじょう》な信心を奮《ふる》い起こしていきなさい。少しでも油断する心があれば、魔《ま》が便乗《びんじょう》する機会を得てしまうでしょう。

日蓮大聖人《にちれんだいしょうにん》は本抄《ほんしょう》において、迫害《はくがい》の嵐を耐《た》え抜き、命懸《いのちが》けで信心を貫《つらぬ》く門下《もんか》に対し、あらゆる大難《だいなん》を勝ち越えてこられた御自身の闘争《とうそう》を示され、〝今こそ私に連《つら》なり、「師子王《ししおう》の心」で信心を貫け〟と呼びかけられています。

「師子王《ししおう》の心」を取り出す要諦《ようてい》は、「月々日々《つきづきひび》に」信心を強めていくことです。

「この世界は第六天《だいろくてん》の魔王《まおう》の所領《しょりょう》なり」(新一四七一㌻・全一〇八一㌻)と仰《おお》せのように、末法《まっぽう》の世には、人々を不幸にする魔《ま》の働きが渦巻《うずま》いています。ゆえに大聖人《だいしょうにん》は、どれほど信心に励んでいても油断から途中で歩みを止めてしまえば、そこから魔が入り込んでくるのだと教えられています。この魔の働きとは、自身の生命の「無明《むみょう》」の現《あらわ》れにほかなりません。絶《た》え間《ま》ない魔との闘《とう》争《そう》に打ち勝つためには、自分自身の信心を深め、魔を打ち破《やぶ》る強さをもつことです。「月々日々《つきづきひび》」とあるように、一日一日、一月一月、前進をしていくこと自体が仏道《ぶつどう》修行です。そのためにこそ、一日をどう出発するのか。一日をどう有意義なものとするのか。一切《いっさい》の源泉《げんせん》は、勤行・唱題の持続にあります。日々、真剣な祈りに挑戦する中で、一日一日を丁寧《ていねい》に生きていく。常に「発心《ほっしん》」し、「発心」を繰り返すことで、自身の境涯《きょうがい》が開けていくのです。

「日に日に新たに、また日に新たなり」(『大学』)という言葉があります。

私たちにおいては、「昨日《きのう》より今日《きょう》」「今日より明日《あす》」との決意で、日々、広宣流布《こうせんるふ》のために挑戦を続けることであり、その地道な実践の積み重ねによってこそ、〝何があっても負けない自分〟を鍛《きた》え上げることができるのです。

池田大作先生の指導から

昨日《きのう》よりも今日《きょう》、今日よりも明日《あす》。瞬間《しゅんかん》瞬間、今が戦う時です。今、この時が、魔《ま》との闘争《とうそう》だからこそ、「つよる心」を忘《わす》れたら、魔がつけ込《こ》んでくるのです。

三世《さんぜ》永遠に法に則《のっと》っていく、充実と満足と勝利の信仰の道を進むか。臆病《おくびょう》と不信《ふしん》から魔に敗《やぶ》れ、身をさいなんでいく後悔《こうかい》の人生となるか。それは、今、この瞬間瞬間の心で決まる。それが現当二世《げんとうにせ》の信心です。(「御書の世界　下」、『池田大作全集 33』収録)

四《し》条《じょう》金《きん》吾《ご》殿《どの》御《ご》返《へん》事《じ》

（法《ほ》華《け》経《きょう》兵《へい》法《ほう》の事《こと》）

（新一六二二ページ〜一六二三ページ）
（全一一九二ページ〜一一九三ページ）

“The Strategy of the Lotus Sutra”

勝負《しょうぶ》を決《けっ》するのは心です。心で勝利した人は、絶対《ぜったい》に負《ま》けない人生を
築《きず》きあげることができる。晴《は》れ晴《ば》れと、わが生命と人生を
勝ち飾《かざ》っていく秘術《ひじゅつ》が、「法華経《ほけきょう》の兵法《へいほう》」です。
この「絶対勝利の信心の要諦《ようてい》」を教《おし》えられている
「四条金吾殿御返事《しじょうきんごどのごへんじ》」（法華経兵法の事《こと》）を、
ともに学《まな》び、心に刻《きざ》んでいきましょう。

（『希望の経典「御書」に学ぶ 2』）

本抄について

弘安《こうあん》二年（一二七九年）に身延《みのぶ》（山梨県南巨摩郡《みなみこまぐん》）で著《あらわ》され、四条金吾《しじょうきんご》に与えられたとされます。別名を「法華経兵法《ほけきょうへいほう》の事《こと》」と言います。

主君《しゅくん》の江間《えま》氏を折伏《しゃくぶく》したことで、一時は疎《うと》まれていた金吾《きんご》でしたが、日蓮大聖人《にちれんだいしょうにん》の御指導通りに、信心根本《こんぽん》に誠実な振《ふ》る舞《ま》いを貫《つらぬ》き、再び厚い信頼を勝ち取りました。

ところが、勝利の実証《じっしょう》を示した金吾《きんご》をよく思わない者《もの》たちが襲撃《しゅうげき》してきます。本抄《ほんしょう》は、この危機を乗り越えた報告をした際《さい》の御返事です。

本抄《ほんしょう》の冒頭、金吾《きんご》の無事を喜ばれた大聖人《だいしょうにん》は、その勝因が「前々からの用心《ようじん》」「けなげ（勇敢さ）」「強い信心」にあると述《の》べられています。

さらに、師弟不二の心の大切さ、諸天《しょてん》が法華経《ほけきょう》の行者《ぎょうじゃ》を必ず守護することを示され、強盛《ごうじょう》な信心に励むよう指導されています。

60

前々《さきざき》の用心《ようじん》といい、また健気《けなげ》といい、また法華《ほけ》経《きょう》の信心つよき故《ゆえ》に、難《なん》なく存命《ぞんめい》せさせ給《たま》い
（新一六二二ページ・全一一九二ページ）

前々からの用心といい、また、勇敢さといい、また、法華《ほけ》経《きょう》の信心が強かったゆえに、無事に存命《ぞんめい》できたのです。

四条金吾《しじょうきんご》が、金吾を妬《ねた》む勢力から狙《ねら》われている――敵の動きを予見《よけん》され、心配されていた日蓮《にちれん》大聖人《だいしょうにん》は、金吾に対し、かねてから事細《ことこま》かに注意を促《うなが》されていました。金吾は、敵からの襲撃《しゅうげき》を受けましたが、大聖人からの注意を守ったことによって、見事に打ち返すことができたのです。

大聖人《だいしょうにん》は、弟子の無事を喜ばれ、その勝因を三点にわたって示されています。

第一に「前々《さきざき》の用心《ようじん》」――普段から細心《さいしん》の注意と緻密《ちみつ》な心配りを怠《おこた》らなかったこと。

第二に「けなげ《健気》」――いざという時、毅然《きぜん》と困難に立ち向かう「勇気」があったこと。

そして、第三に「法華経《ほけきょう》の信心つよき故《ゆえ》に」――何があっても妙法《みょうほう》を信じ抜く「強盛《ごうじょう》な信心」

を貫《つらぬ》いたことです。

細心《さいしん》の注意も、勇気も、すべて御本尊《ごほんぞん》への真剣な祈りから生まれます。ゆえに、「信心」が一《いっ》切《さい》の根本《こんぽん》となるのです。

大事なことは、「信心しているのだから何とかなるだろう」という安易《あんい》な考えや油断を排《はい》し、「信心しているからこそ、絶対に事故を起こさない」「魔《ま》を寄せ付けない」との一念《いちねん》を定《さだ》めて祈ることです。

真剣な祈りを根本《こんぽん》に、智慧《ちえ》と勇気を湧《わ》き上がらせていくことが「絶対無事故」の要諦《ようてい》なのです。

池田大作先生の指導から

濁世《じょくせ》であるゆえに、悪人《あくにん》は鋭《するど》く見破《みやぶ》り、断《だん》じて近づけてはならない。

夜も帰宅《きたく》が決《けっ》して遅《おそ》くならぬよう、注意《ちゅうい》し合っていくことだ。聡明《そうめい》に、決して父母《ちちはは》に心配《しんぱい》をかけず、健康で、絶対《ぜったい》に無事故《むじこ》の日々であっていただきたい。

ともあれ、嫌《いや》なことも嬉《うれ》しいことも、すべて、たくましく前進の力《ちから》としながら、青春《せいしゅん》の道を笑《え》顔《がお》で歩《あゆ》み抜《ぬ》くことだ。（中略）

祈《いの》りに祈っての行動《こうどう》を、必《かなら》ず諸天善神《しょてんぜんじん》が護《まも》る。不退《ふたい》の人は必ず勝つ。（『華陽の誓い』）

ただ心こそ大切なれ。いかに日蓮《にちれん》いのり申《もう》すとも、不信《ふしん》ならば、ぬれたるほくちに火をうちかくるがごとくなるべし。はげみをなして強盛《ごうじょう》に信力《しんりき》をいだし給《たも》うべし。

（新一六二三ジペー・全一一九二ジペー）

ただ、心こそが大切なのです。どれほど日蓮《にちれん》があなたのことを祈ったとしても、あなた自身が不信《ふしん》であるならば、濡《ぬ》れた火口《ほくち》に火を付けるようなものです。自身を励まして、強盛《ごうじょう》に信《しん》力《りき》を奮《ふる》い起こしていきなさい。

「心こそ大切」――一切《いっさい》は「心」で決まる。まさに、日蓮《にちれん》仏法の結論ともいえる重要な哲理が示されています。いかなる分野であっても、勝利するためには、知識や作戦が必要です。しかし、本当の意味で勝負を決するのは「心」です。

無明《むみょう》を打ち破《やぶ》り、仏性《ぶっしょう》を輝《かがや》かせていけば、自身の境涯《きょうがい》を広げ、環境をも変えていくことができます。しかし、瞬間瞬間、揺《ゆ》れ動くのもまた「心」です。そのために仏界《ぶっかい》の生命を顕《あらわ》し、確固たる自身を築く実践こそ、私たちの唱題行《ぎょう》です。

大事なのは、師に「心」を合わせる「師弟不二の祈り」です。日蓮大聖人《にちれんだいしょうにん》は、〝どれほど日蓮が祈ったとしても、あなた自身が不信《ふしん》であるならば叶《かな》わない〟と仰《おお》せです。師の大願《だいがん》を自身の誓《せい》願《がん》とし、師に祈りを合わせる――広宣流布《こうせんるふ》に生き抜く「心」に連《つら》なることで、弟子も幸福勝利の人生を開くことができるのです。

ゆえに大聖人《だいしょうにん》は、自分自身を励まし、勇《いさ》んで信心を奮《ふる》い起こすよう呼びかけられています。「信心以外にない」「信心で勝とう」と心を定《さだ》め、広布《こうふ》のために戦う師弟一体の強盛《ごうじょう》な祈りによって、新たな時代の扉は開かれるのです。

池田大作先生の指導から

「心こそ大切」（全一一九二ジペー・新一六二三ジペー）です。格好《かっこう》だけ御本尊《ごほんぞん》を拝《おが》んでいても、惰性《だせい》であったり、疑《うたが》ったり、文句《もんく》の心や逃避《とうひ》の心があれば、本当の功徳《くどく》は出ない。大聖人《だいしょうにん》は「叶《かな》ひ叶はぬは御信心《ごしんじん》により候《そうろう》べし全《まった》く日蓮《にちれん》がとがにあらず」（全一二六二ジペー・新二一三五ジペー）と仰《おお》せです。（中略）

どこか他の世界に、もっとすばらしいところがあるのではないか。信心以上の何かいい方法があるのではないか。そういう一念《いちねん》は、仏界《ぶっかい》の涌現《ゆげん》の力《ちから》を弱《よわ》めてしまうのです。

（『普及版　法華経の智慧　中』）

なにの兵法《へいほう》よりも法華経《ほけきょう》の兵法をもちい給《たも》うべし。「諸余《しょよ》の怨敵《おんてき》は、みな摧滅《ざいめつ》す」の金言《きんげん》むなしかるべからず。兵法・剣形《けんぎょう》の大事《だいじ》もこの妙法《みょうほう》より出《い》でたり。ふかく信心をとり給《たま》え。あえて臆病《おくびょう》にては叶《かな》うべからず候《そうろう》。

（新一六二三ジペー・全一一九二ジペー）

用

虚

どのような兵法《へいほう》よりも、法華《ほけ》経《きょう》の兵法を用《もち》いなさい。「その他の敵は、皆ことごとく打ち破《やぶ》る」（法華《ほけ》経薬王品《きょうやくおうほん》第二十三）との金言《きんげん》は、決して空言《そらごと》であるはずがないのです。兵法や剣術の真髄《しんずい》も、この妙法《みょうほう》から出たものです。深く信心を起こしなさい。臆病《おくびょう》であっては、何事も叶《かな》わないのです。

「法華経《ほけきょう》の兵法《へいほう》」こそ人生勝利の要諦《ようてい》です。「兵法」とは、戦闘の作戦・戦術や武術のことです。私たちの人生においては、現実の困難に勝ち、より良い結果を得るための努力や挑戦、工夫といえるでしょう。あらゆる努力を勝利と直結させるために、日蓮大聖人《にちれんだいしょうにん》は「どのような兵法《へいほう》よりも、法華経《ほけきょう》の兵法を用《もち》いなさい」と仰《おお》せです。

「法華経《ほけきょう》の兵法《へいほう》」とは、信心根本《こんぽん》に挑戦することです。四条金吾《しじょうきんご》が襲撃《しゅうげき》を乗り越えられたのも、一面では剣術によるものと見えますが、その本質は、強盛《ごうじょう》な信心が現《あらわ》れたものです。法華経薬王品《ほけきょうやくおうほん》第二十三には、妙法《みょうほう》を受持《じゅじ》し、弘通《ぐつう》する功徳《くどく》によって、成仏《じょうぶつ》を妨《さまた》げる魔《ま》を打ち破《やぶ》ることができると示されています。つまり、広布《こうふ》のために戦う中で、仏《ほとけ》の無限の智慧《ちえ》と勇気を開き現《あらわ》せるのです。あらゆる手段や方法も、強き信心に基《もと》づいてこそ初めて力《ちから》を発揮《はっき》します。ゆえに「深く信心を起こしなさい。臆病《おくびょう》であっては、何事《なにごと》も叶《かな》わないのです」と結ばれているのです。

今こそ師に連《つら》なり、絶対勝利の「法華経《ほけきょう》の兵法《へいほう》」で、現実の課題に挑戦していきましょう。

池田大作先生の指導から

私も、戸田先生のもとで、一人の青年として、現実の困難と戦い抜《ぬ》きました。行き詰《づ》まっては祈《いの》り、祈っては挑戦《ちょうせん》し、来る日も来る日も、ただ「先生のために、断《だん》じて勝つ！」「広宣流布《こうせんるふ》のために、必《かなら》ず勝ってみせる！」と、いくつもの壁《かべ》に、阿修羅《あしゅら》の如《ごと》く立ち向かっていった。そして勝ち抜いていった。

「師《し》のために！」「広布《こうふ》のために！」――この一念《いちねん》を定《さだ》めたときに、青年の本当の力《ちから》が出るのです。あえて私の体験《たいけん》から言えば、これが「法華経《ほけきょう》の兵法《へいほう》」です。（『希望の経典「御書」に学ぶ 2』）

経王殿御返事《きょうおうどのごへんじ》

（新一六三二ページ～一六三三ページ）
（全一一二四ページ～一一二五ページ）

"Reply to Kyo'o"

命《いのち》にも及《およ》ぶ法難《ほうなん》の佐渡《さど》にあって、大聖人《だいしょうにん》は、わが子の病《やまい》と闘《たたか》う
鎌倉《かまくら》の門下《もんか》の夫妻《ふさい》に御手紙《おてがみ》を送《おく》られた。（中略）
――この大難《だいなん》を勝《か》ち越《こ》えたならば、
直《ただ》ちにあなた方に会いに駆《か》けつけますよ。
間近《まぢか》で厳然《げんぜん》と見守《みまも》っていますから、
断《だん》じて病魔《びょうま》を打《う》ち破《やぶ》りなさい――との、
大慈大悲《だいじだいひ》が拝《はい》されてならない。

（『随筆　希望の大道』）

本抄について

文永《ぶんえい》十年（一二七三年）八月、日蓮大聖人《にちれんだいしょうにん》が流罪地《るざいち》の佐渡《さど》・一谷《いちのさわ》から、鎌倉《かまくら》の門下《もんか》に送られたお手紙です。「経王殿《きょうおうどの》」となっていますが、経王御前《ごぜん》は幼かったため、その親である門下に送られたものです。

幼い経王御前《きょうおうごぜん》が病気になった時、経王御前の親が大聖人《だいしょうにん》に平癒《へいゆ》の祈念をお願いしたことへの御返事です。

大聖人《だいしょうにん》は冒頭で、経王御前《きょうおうごぜん》の回復を諸天善神《しょてんぜんじん》に一日中祈っていると、真心の励ましを送られます。

そして、御本尊《ごほんぞん》は大聖人《だいしょうにん》御自身が全生命を注《そそ》いで顕《あらわ》されたものであり、御本尊を信ずるなら必ず福徳《ふくとく》に満ちていくと断言された上で、今こそ強盛《ごうじょう》な信心に励むよう促《うなが》されています。

師子王《ししおう》は、前三後一《ぜんさんごいち》と申《もう》して、あり《蟻》の子を取らんとするにも、またたけき《猛》ものを取らんとする時も、いきおい《勢》を出《い》だすことは、ただおなじき《同》ことなり。日蓮《にちれん》、守護《しゅご》たるところの御本尊《ごほんぞん》をしたため《認》参《まい》らせ候《そうろう》ことも、師子王におとる《劣》べからず。経《きょう》に云《い》わく「師子奮迅《ししふんじん》の力《ちから》」とは、これなり。

（新一六三二㌻・全一一二四㌻）

師子王《ししおう》は前三後一《ぜんさんごいち》といって、蟻《あり》を捕ろうとする時にも、また猛々《たけだけ》しいものを捕ろうとする時も、勢いを出すことはまったく同じです。日蓮《にちれん》が、守護の御本《ごほん》尊《ぞん》を認《したた》めてさしあげるのも、この師子王の姿に劣《おと》るものではありません。法華経《ほけきょう》に「師子奮迅《ししふんじん》の力《ちから》」（涌出品《ゆじゅっぽん》第十五）とあるのはこのことです。

御本尊《ごほんぞん》を認《したた》められる日蓮大聖人《にちれんだいしょうにん》御自身の姿勢を強調され、師子王《ししおう》の生き方を教えられています。

「前三後一《ぜんさんごいち》」とは、師子《しし》が獲物を狙《ねら》う時に、四本の足のうち三本を前に出し、一本を後ろに引く構《かま》え、または、三歩前に進んで一歩後ろにさがる様子のことです。百獣《ひゃくじゅう》の王である師子《しし》は、蟻《あり》であろうと、猛獣であろうと、一切《いっさい》油断なく、どんな相手に対しても全力で戦いに挑《いど》みます。

法華経従地涌出品第十五《ほけきょうじゅうじゆじゅっぽん》では、この師子《しし》の姿になぞらえ、仏《ほとけ》があらゆる衆生《しゅじょう》を救う時に出す偉大な力《ちから》を「師子奮迅《ししふんじん》の力《ちから》」と説《と》かれています。

大聖人《だいしょうにん》は、御自身が末法《まっぽう》の一切衆生《いっさいしゅじょう》の成仏《じょうぶつ》を願われ、渾身《こんしん》の力《ちから》を奮《ふる》い起こして御本尊《ごほんぞん》を御図顕《ごずけん》されるのは、この師子奮迅《ししふんじん》の力にほかならないと教えられています。

大聖人《だいしょうにん》が命懸《いのちが》けで顕《あらわ》された御本尊《ごほんぞん》に向かう私たちもまた、強き一念《いちねん》で題目を唱えることが大切です。自身の中にある「師子王《ししおう》の心」を呼び覚まし、目の前の課題に全力を尽くす中に広布《こうふ》の前進があるのです。

池田大作先生の指導から

どんな課題《かだい》に対しても、全力で取り組み、一つ一つに勝利していくのが「師子王《ししおう》の生き方」である。大発展《だいはってん》、大勝利といっても、日々の挑戦《ちょうせん》の積《つ》み重《かさ》ねである。今を勝ち、きょうを勝つなかにしか、将来《しょうらい》の栄光も、人生の勝利もない。

（「シンガポール・オーストラリア合同最高会議でのスピーチ」、『池田大作全集 92』収録）

この曼荼羅《まんだらよ》能く能く信《しん》ぜさせ給《たも》うべし。南無妙法蓮華経は師子吼《ししく》のごとし、いかなる病《やまい》障りをなすべきや。

（新一六二三ジペー・全一一二四ジペー）

この曼荼羅《まんだら》（御本尊《ごほんぞん》）をよくよく信じなさい。南無妙法蓮華経は師子吼《ししく》と同じです。どのような病《やまい》でも障《さわ》りとなることはありません。

日蓮大聖人《にちれんだいしょうにん》は、経王御前《きょうおうごぜん》の回復を願うなら、大聖人が全生命をかけて顕《あらわ》された御本尊《ごほんぞん》をどこまでも信じ抜いていきなさいと教えられます。そして、南無妙法蓮華経の題目は、師子《しし》が吼《ほ》えるようなものであると大確信の励ましを送られています。

百獣《ひゃくじゅう》の王である師子《しし》がひとたび吼《ほ》えれば、他の一切《いっさい》の獣《けもの》は恐れおののき、沈黙します。同じように、諸天《しょてん》を揺《ゆ》り動かす真剣な題目の大音声《だいおんじょう》は、生命に具《そな》わる根源《こんげん》の力《ちから》を呼び覚まし、あらゆる病気や障魔《しょうま》を打ち破《やぶ》ることができるのです。

ゆえに、大聖人《だいしょうにん》は、南無妙法蓮華経の師子吼《ししく》の前には、どんな病《やまい》も、何の妨《さまた》げにもならないと仰《おお》せです。

大事なことは、師匠の絶対の確信と心を一つにした師子吼《ししく》の題目です。「御義口伝《おんぎくでん》」には、「『師』とは師匠授《ししょうさず》くるところの妙法《みょうほう》、『子《し》』とは弟子受《でしう》くるところの妙法、『吼《く》』とは師弟共に唱《とな》うるところの音声《おんじょう》なり」（新一〇四三ページ・全七四八ページ）とあります。

〝絶対に病魔・宿命《しゅくめい》に打ち勝つ！〟という強き一念《いちねん》で唱える師弟不二の祈りがあれば、乗り越えられないものはない、恐れるものはない――ここに「絶対勝利の信心」の要諦《ようてい》があるのです。

池田大作先生の指導から

題目の師子吼《ししく》に勝《まさ》るものはない。

若《わか》き不二《ふに》の愛弟子《まなでし》たちは、断《だん》じて負《ま》けてはならない。

いかなる病《やまい》も、いかなる悩《なや》みも乗《の》り越《こ》えるためにある。仏《ほとけ》になるためにある。

断固と勝ち切って、大勢の苦悩の友を励《はげ》まし、救《すく》っていくための試練《しれん》である。

（「聖教新聞」二〇一三年十一月三十日付「青年部代表勤行会へのメッセージ」）

ただし御信心《ごしんじん》によるべし。つるぎ《剣》なんども、す《進》すまざる人のためには用《もち》いることなし。法華経《ほけきょう》の剣《つるぎ》は、信心のけなげ《健気》なる人こそ用いることなれ。鬼《おに》にかなぼう《金棒》たるべし。

（新一六二三㌻・全一一二四㌻）

ただし、それも信心によるのです。剣《つるぎ》なども、進まない人のためには何の役にも立ちません。法華経《ほけきょう》（御本尊《ごほんぞん》）の剣は、信心の強い人が用《もち》いてこそ、役に立つのです。まさに鬼《おに》に金棒《かなぼう》なのです。

日蓮大聖人《にちれんだいしょうにん》は本抄《ほんしょう》で、御本尊《ごほんぞん》を強く信じ、祈り抜いていくならば、必ず諸天善神《しょてんぜんじん》の守護があることを教えられています。

その上で、「ただし御信心《ごしんじん》によるべし」と、御本尊《ごほんぞん》の偉大な力用《りきゆう》を引き出すのは、どこまでも、受持《じゅじ》する人の「信心」によると仰《おお》せです。

御本尊《ごほんぞん》を受持《じゅじ》し、題目を唱えるということは、あらゆる障魔《しょうま》を打ち破《やぶ》り、宿命《しゅくめい》を断《た》ち切る「剣《つるぎ》」を持っていることであるといえます。

しかし、臆病《おくびょう》や不信《ふしん》から、広宣流布《こうせんるふ》のための行動を起こさない「すすまざる人《進》」は、その力《ちから》を十分に発揮《はっき》することができません。

「信心のけなげなる人《健 気》」——何があっても御本尊《ごほんぞん》に祈り、勇気を奮《ふる》い起こして行動する人こそが、「法華経《ほけきょう》の剣《つるぎ》」の無限の力《ちから》を発揮《はっき》できる。大聖人《だいしょうにん》は、このことを〝鬼《おに》に金棒《かなぼう》〟とまで仰《おお》せです。大切なのは、御本尊を信じ、自身の可能性を信じ、〝絶対に乗り越えてみせる〟と決めて、勇《いさ》んで挑戦していくことです。さあ、今日も信心根本《こんぽん》に、勇気の一歩を踏《ふ》み出しましょう！

池田大作先生の指導から

「けなげ」とは、いざ事に当たっての「勇気」です。勇気がなければ最高の智慧《ちえ》も無《む》に帰《き》してしまう。そして、すべての根本《こんぽん》が「強き信心」です。信心によってのみ、妙法《みょうほう》の無限の力用《りきゆう》が、智慧となり、勇気となり、生命力となり、諸天《しょてん》の加護《かご》となって開かれてくるからです。

「智慧」と「勇気」と「信心」——これが勝利への要諦《ようてい》であることを大聖人《だいしょうにん》は教えられています。大聖人御自身が、師子王《ししおう》の心で、勝利また勝利の大闘争《だいとうそう》を続けてこられた。決定《けつじょう》した一念《いちねん》にこそ諸天善神《ぜんじん》も動くのです。（「御書の世界　下」、『池田大作全集　33』収録）

日蓮《にちれん》がたましい《魂》をすみ《墨》にそめ《染》ながし《流》てかき《書》て候《そうろう》ぞ、信《しん》じさせ給《たま》え。仏《ほとけ》の御意《みこころ》は法華経《ほけきょう》なり、日蓮がたましいは南無妙法蓮華経にすぎ《過》たるはなし。

（新一六二三ページ・全一一二四ページ）

（この御本尊《ごほんぞん》は）日蓮《にちれん》の魂《たましい》（生命）を墨《すみ》に染《そ》めながして書き認《したた》めたものです。信じていきなさい。釈尊《しゃくそん》の本意《ほんい》は法華経《ほけきょう》です。日蓮の魂は、南無妙法蓮華経以外のなにものでもないのです。

「この御本尊《ごほんぞん》は、日蓮《にちれん》の魂《たましい》を墨《すみ》に染《そ》めながして書き認《したた》めたものです」――この御文《ごもん》に、日蓮大《だい》聖人《しょうにん》が全身全霊《ぜんしんぜんれい》を込めて御本尊を顕《あらわ》された御心境《ごしんきょう》が表《あらわ》れています。

「日蓮《にちれん》がたましい《魂》」とは、〝必ず民衆を幸福にするのだ！〟との一切衆生《いっさいしゅじょう》の成仏《じょうぶつ》を願われる大慈《だいじ》悲《ひ》の生命であり、いかなる権力も侵《おか》すことのできない末法《まっぽう》の御本仏《ごはんぶつ》としての大境涯《だいきょうがい》です。

全人類が大聖人《だいしょうにん》と同じ仏界《ぶっかい》の生命を涌現《ゆげん》できるように、大聖人の魂《たましい》、すなわち御本仏《ごほんぶつ》の生命を、そのまま一幅《いっぷく》の曼荼羅《まんだら》に顕《あらわ》されたのが御本尊《ごほんぞん》なのです。

ゆえに、「信《しん》じさせ給《たま》え」——御本尊《ごほんぞん》を抱きしめ、強い信心で題目を唱えていくことが重要であると仰《おお》せです。

そして「日蓮《にちれん》の魂《たましい》は、南無妙法蓮華経以外のなにものでもない」と御断言の通り、大聖人《だいしょうにん》が明かされた南無妙法蓮華経こそが、万人《ばんにん》の幸福を開く根本法《こんぽんほう》です。

たとえ、どのような境遇《きょうぐう》や悩みの渦中《かちゅう》にあっても、御本尊《ごほんぞん》に向かって、真剣に題目を唱えていけば、私たちの生命には大聖人《だいしょうにん》と同じ仏《ほとけ》の智慧《ちえ》が湧《わ》き、福徳《ふくとく》が燦然《さんぜん》と輝《かがや》いていくのです。

御本尊《ごほんぞん》を持《たも》つ喜びを胸に、日々、朗《ほが》らかに題目を唱えながら、真《しん》の幸福と勝利の門を開いていきましょう。

池田大作先生の指導から

人類を救《すく》うための御本尊《ごほんぞん》です。

末法万年《まっぽうまんねん》、未来永遠にわたって、一切衆生《いっさいしゅじょう》を必《かなら》ず幸福にするための御本尊です。

すべての人を自分と等《ひと》しい仏《ほとけ》にしていく——それが釈尊《しゃくそん》の誓《ちか》いであり、三世諸仏《さんぜしょぶつ》の願《ねが》いにほかなりません。その仏意《ぶつい》を実現するための御本尊を初《はじ》めて大曼荼羅《だいまんだら》として顕《あらわ》されたのが日蓮大聖人《にちれんだいしょうにん》です。（『勝利の経典「御書」に学ぶ　11』）

わざわい《禍》も転《てん》じて幸《さいわ》いとなるべし。あい《相》かまえ《構》て御信心《ごしんじん》を出《い》だし、この御本尊《ごほんぞん》に祈念《きねん》せしめ給《たま》え。何事《なにごと》か成就《じょうじゅ》せざるべき。「その願《がん》を充満《じゅうまん》すること、清涼《しょうりょう》の池《いけ》のごとし」「現世《げんぜ》安穏《あんのん》にして、後《のち》に善処《ぜんしょ》に生《しょう》ぜん」、疑《うたが》いなからん。

（新一六二三ページ・全一一二四ページ）

今の禍《わざわ》いも転《てん》じて幸《さいわ》いとなることでしょう。心して信心を奮《ふる》い起こして、この御本尊《ごほんぞん》に祈念していきなさい。何事か成就《じょうじゅ》しないことがありましょうか。法華経薬王品《ほけきょうやくおうほん》には「その願いを充満《じゅうまん》させること、清涼《せいりょう》の池《いけ》のようである」とあり、また薬草喩品《やくそうゆほん》には「現世《げんぜ》は安穏《あんのん》であり、後の世には善処《ぜんしょ》に生まれる」とあります。これらの経文《きょうもん》通りとなることは疑いありません。

日蓮大聖人《にちれんだいしょうにん》は、経王御前《きょうおうごぜん》の病《やまい》という禍《わざわ》いも、必ず幸福へ転《てん》じていくことができると御断言です。いかなる悩みや苦しみも、信心根本《こんぽん》に立ち向かえば、一切《いっさい》をバネにして、幸福への道を大きく開くことができます。大聖人《だいしょうにん》の仏法は、「変毒為薬《へんどくいやく》」の宗教なのです。

この、御本尊《ごほんぞん》の偉大な功力《くりき》は、〝必ず乗り越えてみせる！〟との信力《しんりき》の強さに応じて顕《あらわ》れます。

ゆえに大聖人《だいしょうにん》は、「あい《相》かまえ《構》て御信心《ごしんじん》を出《い》だし」と、いよいよ信心を奮《ふる》い起こすよう促《うなが》され、強盛《ごうじょう》な信心を貫《つらぬ》くことによって得られる境涯《きょうがい》を、経文《きょうもん》を通して示されます。

「その願《がん》を充満《じゅうまん》すること、清涼《しょうりょう》の池《いけ》のごとし」とは、妙法《みょうほう》を持《たも》つ人の願いがすべて叶《かな》う様子は、清涼《せいりょう》な池が喉《のど》の乾きを潤《うるお》すようであるという意味です。また、「現世安穏《げんぜあんのん》にして、後《のち》に善処《じんしょ》に生《しょう》ぜん」とは、仏法の功徳《くどく》は現世の安穏だけでなく、永遠に及《およ》ぶことを示します。

強き信心で自身の宿命《しゅくめい》を乗り越えていく中で、三世《さんぜ》永遠に崩《くず》れない幸福の土台が築かれゆくのです。

池田大作先生の指導から

信仰したからといって、苦しいことが何も起こらなくなるのではない。生きているかぎり、何か問題はある。しかし、何があろうとも「心」は微動《びどう》だにしてはならない。妙法《みょうほう》は「煩悩即菩提《ぼんのうそくぼだい》」「生死即涅槃《しょうじそくねはん》」の法です。

広宣流布《こうせんるふ》に前進していく信心があれば、必《かなら》ず一切《いっさい》が「功徳《くどく》」に変わる。その時は分からなくても、時とともに〝万事《ばんじ》これでよかったんだ〟という所願満足《しょがんまんぞく》の軌道《きどう》に入っていくのです。

（『普及版　法華経の智慧　下』）

乙御前御消息《おとごぜんごしょうそく》

（新一六八六ページ〜一六九二ページ）
（全一二一八ページ〜一二二三ページ）

"The Supremacy of the Law"

どんな宿命《しゅくめい》にも負《ま》けない、自在な境地《きょうち》を打ち立てゆく信仰です。
自身の生命を錬磨《れんま》するための信心です。
この「乙御前御消息《おとごぜんごしょうそく》」は、蒙古《もうこ》の再びの襲来《しゅうらい》が予想され、
世情《せじょう》や思想が乱《みだ》れるなかで、女性門下《もんか》に対して、
いよいよ強盛《ごうじょう》に信心に励《はげ》み、
「本物の一人」に成長すべきことを
呼びかけられている御書です。
（『勝利の経典「御書」に学ぶ 3』）

本抄について

蒙古襲来《もうこしゅうらい》（文永の役《ぶんえいのえき》）の翌年、建治元年《けんじがんねん》（一二七五年）八月、日蓮大聖人《にちれんだいしょうにん》が身延《みのぶ》（山梨県南巨摩郡《みなみこまぐん》）で認《したた》められたお手紙です。宛《あ》て名は「乙御前《おとごぜん》」となっていますが、内容は乙御前の母に送られたものです。

乙御前《おとごぜん》の母は、鎌倉《かまくら》の門下《もんか》で、夫と離別《りべつ》し、幼い娘を一人で育てながら純粋な信心を貫《つらぬ》きました。

当時、再び蒙古《もうこ》の使者が到着するなど、社会全体が騒然《そうぜん》としている中、夫と離別《りべつ》した女性が一人で幼子《おさなご》を育て、信仰を貫《つらぬ》くことは困難の連続であったに違いありません。

しかし乙御前《おとごぜん》の母は、大聖人《だいしょうにん》を求めて佐渡《さど》へ、また身延《みのぶ》へと足を運び、生涯、純真な信心に徹しました。大聖人は、その求道《きゅうどう》の姿を讃《たた》え、「日妙聖人《にちみょうしょうにん》」との尊称《そんしょう》を贈《おく》られています。

本抄《ほんしょう》では、法華経《ほけきょう》こそが最勝《さいしょう》の経典《きょうてん》であることを示し、今まで以上に、強盛《ごうじょう》な信心に励むよう促《うなが》されます。最後に、何かあれば大聖人《だいしょうにん》のもとを訪ねてくるよう、慈愛あふれる言葉を送られています。

軍《いくさ》には大将軍《だいしょうぐん》を魂《たましい》とす。大将軍おくし《臆》ぬれば、歩兵《つわもの》臆病《おくびょう》なり。

（新一六八八ページ・全一二一九ページ）

軍勢においては大将軍が魂《たましい》です。大将軍が臆病《おくびょう》になったなら、兵士たちも臆病になるのです。

本抄御執筆《ほんしょうごしっぴつ》の前年、日蓮大聖人《にちれんだいしょうにん》が予言されていた「他国侵逼難《たこくしんぴつなん》」（他国からの侵略）が現実のものとなりました（文永《ぶんえい》の役《えき》）。

社会全体が騒然《そうぜん》とする中、新たに蒙古《もうこ》の使者が到着。しかし幕府《ばくふ》は、再びの蒙古襲来《しゅうらい》への恐怖から、正法《しょうほう》を用《もち》いるどころか、さらに各地の寺社に異国調伏《じょうぶく》の祈禱《きとう》を依頼するなど、完全に正しい判断力を失ってしまっていたのです。

本来であれば国難《こくなん》を乗り越えるために力《ちから》を発揮《はっき》すべき権力者が、一国《いっこく》を破滅《はめつ》に導《みちび》いている――

大聖人《だいしょうにん》は、〝戦《いくさ》において指導者が臆《おく》したならば、そのもとにいる人々も皆、臆病《おくびょう》になってしまう〟

と愚《おろ》かな権力者を喝破《かっぱ》され、民衆救済《きゅうさい》のためには指導者の一念《いちねん》が大切であると教えられます。

大聖人《だいしょうにん》は、一貫《いっかん》した正義の言論闘争《げんろんとうそう》を通し、未曽有《みぞう》の国難を解決する方途《ほうと》を訴《うった》え続けて来られました。いかなる迫害《はくがい》の嵐にも微動《びどう》だにしない民衆救済《きゅうさい》の大慈悲《だいじひ》――まさに、大聖人こそが正しい智慧《ちえ》と勇気によって、全民衆を救いゆく真《しん》の指導者であることを明かされた大宣言であると拝《はい》されます。

現代にあって、創価学会もまた、三代の会長の智慧《ちえ》と勇気の指揮のもと、あらゆる法戦を勝ち抜いてきました。この精神に連《つら》なる私たち一人一人が〝広宣流布《こうせんるふ》のリーダー〟との気概《きがい》で立ち上がる――その真剣な姿が皆の勇気を呼び覚ますのです。

池田大作先生の指導から

いかなる戦いにあっても、中心者の一念《いちねん》が肝要《かんよう》となります。リーダーに「勢い」があるのか。戦う「情熱」が燃えたぎっているのか。どんな困難な局面《きょくめん》にも臆《おく》することのない、勝利への「執《しゅう》念《ねん》」が漲《みなぎ》っているのか。

勇気は勇気を呼びます。やがて一波《いっぱ》が万波《ばんぱ》となり、全軍が鼓舞《こぶ》され、怒濤《どとう》のごとく勝利の大波《おおなみ》が起こるのです。一切《いっさい》は、指導者で決まります。(『勝利の経典「御書」に学ぶ 3』)

法華経《ほけきょう》は、女人《にょにん》の御《おん》ためには、暗《くら》きにともし《灯》び、海に船、おそろし《恐》き所《ところ》にはまぼり《守》となるべきよし《由》、ちかわせ《誓》給《たま》えり。

（新一六八九ページ・全一二二〇ページ）

法華経《ほけきょう》は、女性のためには、暗い所では灯火《ともしび》となり、海を渡る時に船となり、恐ろしい所では守りとなることを誓っています。

法華経《ほけきょう》には、すべての人を幸福にする力《ちから》があります。この偉大な力を現《あらわ》して幸福になるための信心です。

日蓮大聖人《にちれんだいしょうにん》は、乙御前《おとごぜん》の母の健気《けなげ》な信心を賛嘆《さんたん》し、諸天善神《しょてんぜんじん》が必ず守護すると強調されます。

そして、苦境《くきょう》の中で懸命に生き抜く乙御前の母の心に寄り添い、渾身《こんしん》の励ましを送られています。

法華経《ほけきょう》は、女性のためには、暗い所では灯火《ともしび》となり、海を渡る時に船となり、恐ろしい所では守りとなることを誓っている――信心強き女性を、諸天《しょてん》・諸仏《しょぶつ》は、あらゆる形で守り抜くと仰《おお》せです。

ここでの「暗《くら》きにともしび《灯》」等の表現は、法華経薬王品第二十三《ほけきょうやくおうほん》を踏《ふ》まえて述《の》べられています。本来、薬王品は女性に限定して説《と》かれた経文《きょうもん》ではありません。しかし、大聖人《だいしょうにん》はあえて「女《にょ》人《にん》の御《おん》ためには」と示されています。乙御前《おとごぜん》の母の心に、〝幸福になることは経文に照らして間違いない〟との確信を刻《きざ》もうとされる大聖人の深き慈愛が拝《はい》されます。

苦難《くなん》の中、信心を貫《つらぬ》き、「師匠のもとへ」との一心《いっしん》で遠い道のりを馳《は》せ参《さん》じた乙御前《おとごぜん》の母。大《だい》聖人《しょうにん》は、その健気《けなげ》な志《こころざし》や行動は、すべて天《てん》に通じていると教えられています。

いかなる試練があろうとも、師を求め、広宣流布《こうせんるふ》の実践を貫《つらぬ》いていく人は、諸天善神《しょてんぜんじん》を揺《ゆ》り動かし、幸福の大道《だいどう》を歩んでいくことができるのです。

池田大作先生の指導から

御本尊《ごほんぞん》に題目を唱《とな》え、真剣《しんけん》に広宣流布《こうせんるふ》に進む皆さんが幸《しあわ》せにならないはずがない。

今世《こんぜ》はいうまでもなく、三世《さんぜ》永遠に幸福になる。

現実は、経済苦《けいざいく》や病気《びょうき》、家庭内《かていない》のけんかなど、悩《なや》みは尽《つ》きないものである。

しかし、表面上《ひょうめんじょう》は不幸《ふこう》の格好《かっこう》に見えたとしても、南無妙法蓮華経と唱えていくならば、全部、変毒為薬《へんどくいやく》できる。すべてを乗《の》り切《き》っていける。成長のバネとしていける。（『華陽の誓い』）

されば、妙楽大師《みょうらくだいし》のたまわく《宣》「必ず心の固《かた》きに仮《よ》って、神の守り則《すなわ》ち強し」等云々《うんぬん》。人の心かた《固》ければ、神のまぼり《守》必ずつよし《強》とこそ候《そうら》え。これは御《おん》ために申《もう》すぞ。古《いにしえ》の御心《おんこころ》ざし申すばかりなし。それよりも今一重強盛《いちじゅうごうじょう》に御志《おんこころざし》あるべし。

（新一六八九ページ・全一二二〇ページ）

（諸天善神《しょてんぜんじん》が法華経《ほけきょう》を信ずる人を守護することは間違いないとの道理と先例《せんれい》を挙《あ》げて）それゆえに、妙楽大師《みょうらくだいし》は「心が堅固《けんご》であれば、必ず神の守りも強いのである」と言っています。その人の信心が固ければ、諸天善神の守りは必ず強い、ということです。

これは、あなたのために申《もう》し上げるのです。これまでのあなたの信心の深さは、言い表《あらわ》すことができません。しかし、それよりもなお一層《いっそう》の強盛《ごうじょう》な信心をしていきなさい。

いかなる悪世《あくせ》にあっても、強く人生を勝ち開いてほしい——日蓮大聖人《にちれんだいしょうにん》は、健気《けなげ》に戦う弟子の幸福を願い、勝利の道を示されます。その〝鍵《かぎ》〟こそ、「心の固《かた》き」です。すなわち、御本尊《ごほんぞん》を信じる心が強い人、広布《こうふ》への情熱を持つ人を、「神の守り」——諸天善神《しょてんぜんじん》が必ず守ることを教えられています。日々の悩みや宿命《しゅくめい》に対し、〝何があろうと、必ず乗り越えてみせる〟と真剣に祈り抜く時、その一念《いちねん》が諸天を大きく揺《ゆ》り動かす力《ちから》となって、守護の働きが現《あらわ》れるのです。

さらに大聖人《だいしょうにん》は、乙御前《おとごぜん》の母の求道《きゅうどう》の歩みを最大に讃《たた》えられた上で、「今一重強盛《いちじゅうごうじょう》に御志《おんこころざし》あるべし」と、これまで以上に、強き信心に立つよう呼びかけられています。それは、生涯、信心根本《こんぽん》に幸福の道を歩めるかどうかが、どんな時も〝今、ここから〟〝今日より明日《あす》へ！〟と力強《ちからづよ》く前進する姿勢にあり、〝いよいよ、これから！〟という、たゆみなき挑戦の心にかかっているからです。幸福は、自分自身の心で決まります。どんな縁《えん》にも振り回されない、強い心を磨《みが》き鍛《きた》えるために、確固たる信心の土台を築いていくことが、真《しん》の幸福の直道《じきどう》なのです。

池田大作先生の指導から

仏法は、本因妙《ほんいんみょう》であり、現当二世《げんとうにせ》です。

どんなに過去に信仰の功績《こうせき》があっても、今、歩《あゆ》みを止めてしまったならば、いつしか、信心は成長の軌道《きどう》から外《はず》れてしまう。「進まざるは退転《たいてん》」です。（中略）

〝さあ、これからだ！〟――これが草創《そうそう》以来の学会精神です。「前進、前進、また前進」が、広宣流布《こうせんるふ》の合言葉《あいことば》です。どんな逆境《ぎゃっきょう》にも立ち向かっていく。どんなことがあっても退《しりぞ》かない。それが「心の固き」です。（『勝利の経典「御書」に学ぶ　3』）

いよいよ強盛《ごうじょう》の御志《おんこころざし》あるべし。氷《こおり》は水《みず》より出《い》でたれども、水よりもすさまじ《凄》。青きことは藍《あい》より出でたれども、かさ《重》ぬれば藍よりも色《いろ》まさ《勝》る。同《おな》じ法華経《ほけきょう》にてはおわすれども、志をかさぬれば、他人よりも色まさり、利生《りしょう》もあるべきなり。

（新一六九〇ページ・全一二二一ページ）

ますます強盛《ごうじょう》な信心を、起こしていきなさい。氷は水からできますが、水よりも冷たい。青い色は、藍《あい》という草から生まれますが、重ねて染《そ》めれば、藍よりも色が鮮《あざ》やかになります。同じ法華経《ほけきょう》ではあっても、信心を重ねていくならば、他人よりも生命の輝《かがや》きが増し、利益《りやく》も現《あらわ》れてくるのです。

過酷《かこく》な環境下で、純粋に信心を貫《つらぬ》く乙御前《おとごぜん》の母に対し、日蓮大聖人《にちれんだいしょうにん》は〝ますます強盛《ごうじょう》に〟と渾身《こんしん》の励ましを送られています。

水を凍《こお》らせてできた氷は、水よりも冷たい。また、藍《あい》の葉から作られる青の染料《せんりょう》は、重ねて染《そ》めれば藍よりも色鮮《あざ》やかな青になる。これらの例を通し、大聖人《だいしょうにん》は信心も「志《こころざし》を重ねる」ことによって生命の輝《かがや》きが増し、その利益《りやく》が、はっきり現《あらわ》れると仰《おお》せです。

御本尊《ごほんぞん》、そして題目の偉大な力《ちから》を、ますます発揮《はっき》できるかどうかは、祈り、行動する私たち自身の信心の強さによるのです。

どんな困難があっても、必ず乗り越えていく——勝利の人生を歩み抜くための要諦《ようてい》こそ、「いよいよ強盛《ごうじょう》」の信心です。日々、たゆまぬ実践を積み重ね、信心の確信を深めていくことが人切です。

「いよいよ」の心で、地道な信心の実践を積み重ね、自身の胸中《きょうちゅう》に揺《ゆ》るがぬ幸福境涯《きょうがい》を築いていきましょう。

池田大作先生の指導から

大事なことは、常に前進の方向へ一念《いちねん》を定《さだ》めることです。壁《かべ》を乗《の》り越《こ》える挑戦《ちょうせん》自体が、自身の境涯《きょうがい》を確実《かくじつ》に広げていく因《いん》となることは間違《まちが》いありません。戦えば必《かなら》ず生命は変わります。宿命《しゅくめい》は絶対《ぜったい》に転換《てんかん》できる。

その意味でも、行き詰《づ》まった時こそが本当の勝負《しょうぶ》です。行き詰まりを打開する力《ちから》こそ、「いよいよ強盛《ごうじょう》」の信心です。（『勝利の経典「御書」に学ぶ 3』）

妙《みょう》一《いち》尼《あま》御《ご》前《ぜん》御《ご》消《しょう》息《そく》

（冬《ふゆ》は必《かなら》ず春《はる》となるの事《こと》）

（新一六九四ページ〜一六九六ページ）
（全一二五二ページ〜一二五四ページ）

"Winter Always Turns to Spring"

どんなことがあっても、一切《いっさい》の迷《まよ》いを打《う》ち破《やぶ》り、
一点の曇《くも》りもなく、力強《ちからづよ》く前進できるよう、
生命の奥底《おうてい》に永遠《えいえん》に消《き》えることのない
信心の希望の炎《ほのお》を灯《とも》しておきたい——。
一文一句《いちもんいっく》のすべてから、
大聖人《だいしょうにん》の励《はげ》ましの御一念《ごいちねん》が
伝《つた》わってくる大慈悲《だいじひ》の御書です。

（『希望の経典「御書」に学ぶ　2』）

本抄について

建治元年《けんじがんねん》（一二七五年）五月、日蓮大聖人《にちれんだいしょうにん》が五十四歳の時に身延《みのぶ》（山梨県南巨摩郡《みなみこまぐん》）で著《あらわ》され、鎌倉《かまくら》の妙一尼《みょういちあま》に与えられたお手紙です。

大聖人《だいしょうにん》が竜《たつ》の口《くち》の法難《ほうなん》、佐渡流罪《さどるざい》と大難《だいなん》に遭《あ》われる中、弾圧《だんあつ》は門下《もんか》にも及《およ》び、妙一尼《みょういちあま》の夫は法華経《ほけきょう》を持《たも》つゆえに、所領《しょりょう》を没収《ぼっしゅう》されるなどの難《なん》を受けました。夫妻は信仰を貫《つらぬ》き通しましたが、妙一尼の夫は、大聖人の佐渡流罪中に亡《な》くなってしまいます。

幼子《おさなご》を抱え、自身も体が弱かった妙一尼《みょういちあま》は、そうした中でも大聖人《だいしょうにん》のもとへ従者を送り、お仕《つか》えさせるなど純粋な信心で大聖人をお守りしました。

本抄《ほんしょう》で大聖人《だいしょうにん》は、妙一尼《みょういちあま》の悲しみにどこまでも寄り添いながら、信心を貫《つらぬ》き通した妙一尼の夫が成仏《じょうぶつ》していることは間違いないと、心からの励ましを送られています。

法華経《ほけきょう》を信《しん》ずる人は冬のごとし。冬は必ず春となる。いまだ昔よりきかず《聞》みず《見》、冬の秋とかえれ《返》ることを。いまだきかず《聞》、法華経を信ずる人の凡夫《ぼんぷ》となることを。経文《きょうもん》には「もし法を聞くことあらば、一《ひと》りとして成仏《じょうぶつ》せざることなけん」ととか《説》れて候《そうろう》。

（新一六九六ジペー・全一二五三ジペー）

法華経《ほけきょう》を信ずる人は冬のようなものです。冬は必ず春となります。昔より今まで、聞いたことも見たこともありません。冬が秋に戻るということを。（同じように）今まで聞いたことがありません。法華経を信ずる人が仏《ほとけ》になれず、凡夫《ぼんぷ》のままでいることを。経文《きょうもん》には「もし法を聞くことがあれば、一人として成仏《じょうぶつ》しない者《もの》はない」と説《と》かれています。

春には満開の花で人々を魅了《みりょう》する桜も、美しい花を咲かせるためには必ず厳冬《げんとう》を越えなければなりません。

日蓮大聖人《にちれんだいしょうにん》は、「法華経《ほけきょう》を信ずる人は冬のごとし」と仰《おお》せです。仏道《ぶつどう》修行の過程において、宿命《しゅくめい》との戦いや難《なん》が起こることは必然です。しかし、どんなに厳しい苦難《くなん》の「冬」も、信心で立ち向かえば、一切《いっさい》が自身を鍛《きた》え、人生勝利の大輪《たいりん》を咲かせるための原動力となっていきます。

ゆえに大聖人《だいしょうにん》は、冬から秋に季節が戻ることがないように、法華経《ほけきょう》を信じる人は、凡夫《ぼんぷ》のまま苦悩の生命を流転《るてん》することはないと断言されます。そして「一人として成仏《じょうぶつ》しない者《もの》はない」との経文《きょうもん》を引かれ、絶対の確信に立って信心を貫《つらぬ》くよう促《うなが》されています。

凍《い》てつく寒さの冬も、必ず暖かな春になる。同じように、悩みや苦しみも、必ず希望あふれる栄光の「春」へと勝ち開いていけます。むしろ、冬のような苦難《くなん》の中を信心で乗り越えるからこそ、春の如《ごと》き喜びを感じ、より豊かな人生を歩むことができるのです。

私たちはどんな苦難《くなん》に直面しても、「冬は必ず春となる」との確信で、自《みずか》らの使命の花を爛漫《らんまん》と咲き薫《かお》らせていきましょう。

池田大作先生の指導から

一番、苦労《くろう》した人が、最後は一番、幸福を勝ち取れる。幸福は、忍耐《にんたい》という大地に咲《さ》く花であることを忘《わす》れまい。女子部一期生《きせい》である私の妻《つま》のモットーの一つは――「今日も負《ま》けるな／今日も勇《いさ》みて／誓《ちか》いの道を／勝利《しょうり》の道を」であった。

何があっても、負けない。その人は勝っているのだ。なかんずく、自《みずか》らが青春《せいしゅん》時代に誓い定《さだ》めた信念《しんねん》のために、負けない一生を貫《つらぬ》き通《とお》す人は、最も強く偉大《いだい》である。（『青春の光彩 Ⅱ』）

阿《あ》仏《ぶつ》房《ぼう》御《ご》書《しょ》

（宝《ほう》塔《とう》御《ご》書《しょ》）

（新一七三二ページ～一七三三ページ）
（全一三〇四ページ～一三〇五ページ）

"On the Treasure Tower"

わが身が尊極《そんごく》なる「宝塔《ほうとう》」であると目覚《めざ》めた一人が立《た》ち上《あ》がれば、
この地球上に、平和と幸福の大塔《だいとう》を打《う》ち立てていくことができる。
そのための日蓮大聖人《にちれんだいしょうにん》の仏法です。
一切《いっさい》は「わが身《み》」の内《うち》なる革命で決まります。（中略）
この仏法の極理《ごくり》を教《おし》えられた御書《ごしょ》が
「阿仏房《あぶつぼう》御書（宝塔《ほうとう》御書）」です。
（『勝利の経典「御書」に学ぶ　10』）

本抄について

佐渡《さど》の門下《もんか》である阿仏房《あぶつぼう》に送られました。日蓮大聖人《にちれんだいしょうにん》の佐渡流罪中《るざいちゅう》の御執筆《ごしっぴつ》とする説もありましたが、近年では、身延入山後《みのぶにゅうざんご》の御著作《ごちょさく》と考えられています。

かつて念仏《ねんぶつ》の強信者《ごうしんじゃ》だった阿仏房《あぶつぼう》は、佐渡《さど》に流罪《るざい》された大聖人《だいしょうにん》の教えと、その人格の輝《かがや》きに惹《ひ》かれ、自《みずか》ら念仏を捨てて、大聖人に帰依《きえ》しました。

本抄《ほんしょう》は、阿仏房《あぶつぼう》から真心の供養《くよう》とともに寄せられた「法華経《ほけきょう》に説《と》かれる多宝如来《たほうにょらい》や宝塔《ほうとう》は、何を意味するのでしょうか」との質問に対する御返事です。

大聖人《だいしょうにん》は「あなた自身が宝塔《ほうとう》なのです」と答えられます。そして、その宝塔を顕《あらわ》したのが御本尊《ごほんぞん》であると明かされ、御本尊根本《こんぽん》の信心を教えられています。

また、阿仏房《あぶつぼう》を「北国《ほっこく》の導師《どうし》」（新一七三三㌻・全一三〇四㌻）と呼ばれ、その深い信心を讃《たた》えられています。

末法《まっぽう》に入《い》って法華経《ほけきょう》を持《たも》つ男女《なんにょ》のすがたより外《ほか》には宝塔《ほうとう》なきなり。もししからば、貴賤上下《きせんじょうげ》をえらばず、南無妙法蓮華経ととなうるものは、我《わ》が身《み》宝塔にして我が身また多宝如来《たほうにょらい》なり。妙法蓮華経より外に宝塔なきなり。法華経の題目、宝塔なり。宝塔また南無妙法蓮華経なり。

(新一七三二ジペー・全一三〇四ジペー)

末法《まっぽう》に入《はい》って、法華経《ほけきょう》を持《たも》つ男女の姿よりほかには宝塔《ほうとう》はないのです。もしそうであるならば、貴賤上下《きせんじょうげ》にかかわらず、南無妙法蓮華経と唱える人は、わが身がそのまま宝塔であり、わが身がまた多宝如来《たほうにょらい》なのです。妙法蓮華経よりほかに宝塔はありません。法華経の題目は宝塔であり、宝塔はまた南無妙法蓮華経なのです。

法華経《ほけきょう》の会座《えざ》に、突如《とつじょ》として現《あらわ》れた〝宝塔《ほうとう》〟――それは、金・銀などの七宝《しっぽう》で飾られた、想像を絶《ぜっ》する巨大な塔でした。日蓮大聖人《にちれんだいしょうにん》は、この絢爛《けんらん》たる宝塔こそ、胸中《きょうちゅう》にある仏《ほとけ》の生命であり、その当体《とうたい》である私たち自身が、いかに尊極《そんごく》な存在であるかを教えられています。そして、社会的な立場や身分にとらわれることなく、「南無妙法蓮華経」と唱える一切《いっさい》の人々が、宝塔として輝《かがや》くことを示されます。また、「我《わ》が身《み》また多宝如来《たほうにょらい》なり」と仰《おお》せです。多宝如来は、法華経が真実であると証明することを誓った仏です。妙法《みょうほう》を持《たも》つその人自身が「法華経の証明者」なのです。現実の中で、信心根本《こんぽん》に実証《じっしょう》を示しゆく一人一人の姿こそ、多宝如来の存在であるといえます。

さらに大聖人《だいしょうにん》は、宝塔《ほうとう》とは「南無妙法蓮華経」の題目であると重ねて述《の》べられ、御本尊《ごほんぞん》を明鏡《めいきょう》として、自身が妙法蓮華の当体《とうたい》であると信じ、題目を唱える胸中《きょうちゅう》に、宝塔は輝《かがや》くのだと仰《おお》せです。わが身が宝塔であるとの信心に立てば、縁《えん》するすべての人に宝塔を見ることができる――私たちは生命の無限の可能性を信じ、友に希望を送る最高の人生を歩んでいるのです。

池田大作先生の指導から

わが胸中《きょうちゅう》に宝塔《ほうとう》を涌現《ゆげん》させ、さらには、その宝塔を広げていく。宝塔を荘厳《そうごん》する七宝《しっぽう》の輝《かがや》きとは、一人ひとりの人間革命の姿《すがた》そのものです。戦っている人は必ず輝《かがや》きます。「大願《だいがん》」をもって生きている姿そのものが、宝石《ほうせき》の如《ごと》く「不滅《ふめつ》の光《ひかり》」を放《はな》っているのです。皆さま一人ひとりが、この地球上に宝塔の林立《りんりつ》を築《きず》いていく使命を持った広宣流布《こうせんるふ》の勇者《ゆうしゃ》です。英雄《えいゆう》です。

私たちの宝塔のスクラムを世界が待っています。人類が求《もと》めています。いよいよ、世界中の人々が宝塔として輝いていく「時」が到来《とうらい》したのです。（『勝利の経典「御書」に学ぶ　10』）

阿《あ》仏房《ぶつぼう》さながら宝塔《ほうとう》、宝塔さながら阿仏房、これより外《ほか》の才覚無益《さいかくむやく》なり。聞《もん》・信《しん》・戒《かい》・定《じょう》・進《しん》・捨《しゃ》・慙《ざん》の七宝《しっぽう》をもってかざりたる宝塔なり。
（新一七三二ページ・全一三〇四ページ）

阿《あ》仏房《ぶつぼう》はそのまま宝塔《ほうとう》であり、宝塔はそのまま阿仏房です。これよりほかの知識は何の役にも立ちません。あなたの身は、聞《もん》・信《しん》・戒《かい》・定《じょう》・進《しん》・捨《しゃ》・慙《ざん》という七つの宝によって飾られた宝塔なのです。

〝あなた自身が宝塔《ほうとう》なのですよ。そのことさえ知っていればよいのですよ〟――日蓮大聖人《にちれんだいしょうにん》は、妙法《みょうほう》を持《たも》ち、自身の尊極《そんごく》さに目覚めた一人が、どれほど輝《かがや》かしい存在であるかを述《の》べられています。

「宝塔《ほうとう》」が示しているのは一人の生命を〝宝〟と見る仏法の真髄《しんずい》であるということを阿《あ》仏房《ぶつぼう》に教えられているのです。

さらに、金、銀、瑠璃《るり》など、「宝塔《ほうとう》」を飾るまばゆい七宝《しっぽう》とは、「聞《もん》・信《しん》・戒《かい》・定《じょう》・進《しん》・捨《しゃ》・慙《ざん》」

という仏道《ぶつどう》修行の上の徳目《とくもく》であると仰《おお》せです。

求道心《きゅうどうしん》をもって妙法《みょうほう》を「聞《き》」き、妙法を「信《しん》」じ、妙法を持《たも》つことを「戒《かい》」として自身を律《りっ》し、妙法を根本《こんぽん》に心を「定《さだ》」め、たゆみなく精進《しょうじん》（進《しん》）し、信心を第一として〝わがまま〟を「捨《す》」て、反省すべきは率直に反省（慙《ざん》）して前進することが、わが生命を飾る宝になるのです。

このように、生命を飾るのは、自身の心と実践です。そして、この七つの実践は、すべて学会活動に含まれています。私たちは、広宣流布《こうせんるふ》に生き抜く中で、自分自身を最大に輝《かがや》かせることができるのです。自他共《じたとも》の生命が、尊《とうと》い宝塔《ほうとう》であることを確信し、一人一人の〝無限の可能性〟を引き出す対話の花を咲かせていきましょう。

池田大作先生の指導から

自分以上の宝はないのだ。自分を離《はな》れて幸福はない。本来《ほんらい》、自分ほど素晴《すば》らしいものはないのである。これが仏法《ぶっぽう》である。自分という最高の宝《たから》を輝《かがや》かせるのだ。これが真実《しんじつ》の哲学《てつがく》である。大《たい》抵《てい》、人を見ると、自分と比《くら》べてしまう。もちろん、人から優《すぐ》れた点を学《まな》ぼうという気持ちは大事《だいじ》だ。しかし、「あの人はいいな。幸福そうだ。立派《りっぱ》そうだ」と、うらやんでも、つまらない。何にもならない。自分自身を磨《みが》いて、自分自身が生きがいを感じて、生きていくのが勝利の人なのだ。これを深く心に刻《きざ》んでいただきたい。（『華陽の誓い』）

千《せん》日《にち》尼《あま》御《ご》前《ぜん》御《ご》返《へん》事《じ》

（雷門鼓御書《らいもんのつづみごしょ》）

（新一七四四ページ〜一七四六ページ）
（全一三一五ページ〜一三一七ページ）

“The Drum at the Gate of Thunder”

「心こそ大切なれ」――仏法の師弟《してい》における最強の絆《きずな》は「心」です。
妙法流布《みょうほうるふ》を志《こころざ》した師弟の心と心は、いかなる距離《きょり》も乗《の》り越《こ》え、
天《てん》に月が現《あらわ》れれば直《ただ》ちに池に影《かげ》を浮《う》かべるように、
瞬時《しゅんじ》に通《つう》じ合《あ》っていきます。
この「千日尼御前御返事《せんにちあまごぜんごへんじ》」（雷門鼓御書《らいもんのつづみごしょ》）は、
遠《とお》く離《はな》れた師と弟子《でし》による
心と心の交流のドラマを凝縮《ぎょうしゅく》した、
一幅《いっぷく》の名画《めいが》のようなお手紙です。

（『希望の経典「御書」に学ぶ　1』）

本抄について

弘安元年《こうあんがんねん》（一二七八年）閏《うるう》十月、日蓮大聖人《にちれんだいしょうにん》が五十七歳の時に、身延《みのぶ》（山梨県南巨摩郡《みなみこまぐん》）から佐《さ》渡《ど》の千日尼《せんにちあま》に与えられたお手紙です。

千日尼《せんにちあま》は、夫・阿仏房《あぶつぼう》と共に、大聖人《だいしょうにん》が佐渡《さど》に流罪《るざい》された際《さい》に弟子となりました。夫妻で身の危険も顧《かえり》みず命懸《いのちが》けで大聖人をお守りした佐渡の門下《もんか》の中心的存在です。大聖人が身延《みのぶ》に入山《にゅうざん》された後も、大聖人のもとへ幾度《いくど》も阿仏房を送り出し、真心の供養《くよう》の品《しな》をお届けしています。

本抄《ほんしょう》で大聖人《だいしょうにん》は、供養《くよう》に対する御礼を述《の》べられ、法華経《ほけきょう》への供養は、十方《じっぽう》の仏菩薩《ぶつぼさつ》を供養する功徳《くどく》に等しいとされて、〝あなたは師子王《ししおう》の経典《きょうてん》を持《たも》つ女性です〟と、いかなる宿命《しゅくめい》をも妙法《みょうほう》の力《ちから》で功徳へと転換《てんかん》できると宿命転換の信心を教えられています。

さらに、雷門《らいもん》の鼓《つづみ》の音が千万里を越えて聞こえてくるように〝あなたの真心は厳然《げんぜん》と私のもとに届いていますよ〟と激励されます。この譬《たと》えから、本抄《ほんしょう》は「雷門鼓御書《らいもんのつづみごしょ》」とも呼ばれています。

法華経《ほけきょう》を供養《くよう》する人は、十方《じっぽう》の仏菩薩《ぶつぼさつ》を供養する功徳《くどく》と同じきなり。十方の諸仏《しょぶつ》は妙《みょう》の一字より生《しょう》じ給《たま》える故《ゆえ》なり。

（新一七四五ジペー・全一三一六ジペー）

法華経《ほけきょう》に供養《くよう》する人の功徳《くどく》は、十方《じっぽう》の仏《ほとけ》や菩薩《ぼさつ》に供養する功徳と同じです。十方の諸仏《しょぶつ》は妙《みょう》の一字から生まれられたからです。

日蓮大聖人《にちれんだいしょうにん》は、遠く離れた佐渡《さど》の地から、身延《みのぶ》（山梨県南巨摩郡《みなみこまぐん》）にお住まいの大聖人の身を案《あん》じ、御供養《ごくよう》をお届けした千日尼《せんにちあま》の法を尊《とうと》ぶ真心と、その志《こころざし》から発《はっ》する行動を最大にたたえられ、法華経《ほけきょう》を供養する功徳《くどく》がどれほど大きいかを教えられます。

「十方《じっぽう》の諸仏《しょぶつ》は妙《みょう》の一字から生まれられた」と仰《おお》せの通り、全宇宙に存在する無数の仏《ほとけ》は、すべて法華経《ほけきょう》の真髄《しんずい》である南無妙法蓮華経によって成仏《じょうぶつ》しました。その根本《こんぽん》である法華経に供養《くよう》することは、すべての仏を供養することに等しく、計り知れない功徳《くどく》を得ると示されています。

「妙《みょう》」とは、「妙法《みょうほう》」の「妙」であり、「南無妙法蓮華経」の「妙」です。この「妙」の力用《りきゆう》は、

「法華経題目抄《ほけきょうだいもくしょう》」（新五三一ページ・全九四〇ページ）において「妙の三義《さんぎ》」として示されています。すなわち、万法《ばんぽう》を具《ぐ》した円満《えんまん》の法であり（具足《ぐそく》円満の義《ぎ》）、そのすべての本来の価値を開く（開《かい》の義）、すべての人を蘇生《そせい》させ成仏させていく力《ちから》がある（蘇生の義）――それが「妙法」です。ゆえに、「法華経を供養《くよう》する人」は、この「妙の一字」の功徳《くどく》をすべて受けることができるのです。

現代において「法華経《ほけきょう》を供養《くよう》する人」とは、御本尊《ごほんぞん》を信受《しんじゅ》して勤行・唱題を実践し、自他共《じたとも》の幸福のために仏法を語り弘《ひろ》めている人、すなわち、世界広布《こうふ》の新時代を開こうと、日々、活動に励む私たち創価学会員にほかなりません。

広宣流布《こうせんるふ》のための行動は、一切《いっさい》が自分自身の功徳《くどく》・福運《ふくうん》となるのです。

池田大作先生の指導から

私たちは南無妙法蓮華経の題目を自行化他《じぎょうけた》にわたって唱《とな》えることで、この「妙《みょう》の一字」の力《ちから》を自身の胸中《きょうちゅう》に具体的《ぐたいてき》に現《あらわ》すことができます。なんと素晴《すば》らしい仏法でしょうか。

この「妙の一字」を体得《たいとく》するために、自分自身の仏道修行《ぶつどうしゅぎょう》があります。広宣流布《こうせんるふ》の活動も、その一点にあります。（中略）

広宣流布へ不惜身命《ふしゃくしんみょう》の覚悟《かくご》で進むとき、私たちは「妙《みょう》の一字」の功徳《くどく》を、全生命で受けきっていくことができるのです。（『希望の経典「御書」に学ぶ 1』）

一の師子《しし》に百子《ひゃくし》あり。彼《か》の百子、諸《もろもろ》の禽獣《きんじゅう》に犯《おか》さるるに、一の師子王《ししおう》吼《ほ》うれば百子力《ちから》を得《え》て、諸の禽獣、皆頭七分《みなこうべしちぶん》にわ《破》る。法華経《ほけきょう》は師子王のごとし。一切《いっさい》の獣《けもの》の頂《いただき》とす。法華経の師子王を持《たも》つ女人《にょにん》は、一切の地獄《じごく》・餓《が》鬼《き》・畜生《ちくしょう》等の百獣《ひゃくじゅう》に恐《おそ》るることなし。

（新一七四五ページ・全一三一六ページ）

一頭の師子《しし》に百匹の子がいます。その百匹の子が諸々《もろもろ》の禽獣《きんじゅう》に襲《おそ》われている時、（親である）一頭の師子王《ししおう》が吼《ほ》えれば、百匹の子は力《ちから》を得て、諸々の禽獣は皆、頭が七つに割《わ》れるのです。法華経《ほけきょう》は師子王のようなものであり、一切《いっさい》の獣《けもの》の頂点に立つのです。法華経という師子王を持《たも》つ女性は、一切の地獄《じごく》・餓《が》鬼《き》・畜生等《ちくしょうとう》の百獣《ひゃくじゅう》を恐れることはありません。

「師子《しし》の子」が禽獣《きんじゅう》（鳥や獣）に襲《おそ》われそうになった時、親である「師子王《ししおう》」が吼《ほ》えれば「師子の子」はその声に力《ちから》を得て、自《みずか》ら勇気を奮《ふる》い起こし、禽獣を打ち破《やぶ》ることができると示されます。

そして、百獣《ひゃくじゅう》の王である「師子王」のように、「法華経《ほけきょう》」は一切経《いっさいきょう》の王であると述《の》べられます。

「師子《しし》の子」が、師子王《ししおう》の声に力《ちから》を得たように、法華経《ほけきょう》を持《たも》つ人は、妙法《みょうほう》の偉大な力を得て、自《みずか》らの無限の力を発揮《はっき》し、地獄《じごく》・餓鬼《がき》・畜生《ちくしょう》等の生命を打ち破《やぶ》ることができます。

ゆえに日蓮大聖人《にちれんだいしょうにん》は、「一切経《いっさいきょう》の王である法華経《ほけきょう》を持《たも》つ女性は、何も恐れる必要はない」と力《ちから》強《づよ》い励ましを送られているのです。ここには、師匠に心を合わせて前進しゆく、信心強き女性によって、必ず広宣流布《こうせんるふ》の道が開かれるとの深い御期待が込められていると拝《はい》されます。師の期待を知り、応《こた》えようとする時、弟子は、無限の力を発揮《はっき》することができるのです。

師匠の正義の声に連《つら》なった時、一切《いっさい》の百獣《ひゃくじゅう》を恐れることはありません。これが「法華経《ほけきょう》を持《たも》つ女性」の境涯《きょうがい》です。広布《こうふ》の使命に目覚めた私たち華陽姉妹の爽《さわ》やかな声と行動で、幸福のスクラムを広げていきましょう。

池田大作先生の指導から

どんな不幸《ふこう》が襲《おそ》いかかろうと、どんな邪悪《じゃあく》な圧迫《あっぱく》があろうと、女性が強く生《い》き抜《ぬ》き、勝ち抜いていくために、仏法《ぶっぽう》は説《と》かれたのだ。

悲《かな》しい時も、つらい時も、苦《くる》しい時も、「煩悩即菩提《ぼんのうそくぼだい》」そして「変毒為薬《へんどくいやく》」という希望の法理《ほうり》を忘《わす》れてはならない。同志《どうし》と共に、師匠《ししょう》と共に、前へ、前へ、勇気の一歩を踏《ふ》み出《だ》していくことだ。

その人が「使命《しめい》の青春王女《せいしゅんおうじょ》」である。その女性こそが、何があっても負《ま》けずに、どんな人も励《はげ》まし包《つつ》む「微笑《ほほえ》みの幸福博士」と慕《した》われていくのだ。（『華陽の誓い』）

天月《てんげつ》は四万由旬《ゆじゅん》なれども、大地の池には須臾《しゅゆ》に影《かげ》浮《う》かび、雷門《らいもん》の鼓《つづみ》は千万里《り》遠けれども、打てば須臾に聞《き》こゆ。御身《おんみ》は佐渡国《さどのくに》におわせども、心はこの国に来《きた》れり。仏《ほとけ》に成《な》る道もかくのごとし。我《われ》らは穢土《えど》に候《そうら》えども、心は霊山《りょうぜん》に住《す》むべし。御面《おんかお》を見てはなに《何》かせん、心こそ大切に候え。

（新一七四六ページ・全一三一六ページ）

天空の月は、遠く四万由旬《ゆじゅん》も離れていますが、大地の池には瞬時にその姿が浮かび、雷門《らいもん》の鼓《つつみ》は、千万里の遠くにあっても、打てば瞬時に聞こえます。あなたの身は、佐渡《さど》の国にいらっしゃいますが、心はこの国に来ています。仏《ほとけ》に成《な》る道もこれと同様です。私たちは穢《けが》れた国土におりますが、心は霊山浄土《りょうぜんじょうど》に住んでいるのです。お顔を見たからといってどうなりましょう。心こそ大切です。

千日尼《せんにちあま》は、身延《みのぶ》（山梨県南巨摩郡《みなみこまぐん》）にいらっしゃる日蓮大聖人《にちれんだいしょうにん》への御供養《ごくよう》を夫・阿仏房《あぶつぼう》に託《たく》し、佐渡《さど》で留守を預かっていました。「もう大聖人にお会いすることはできないかもしれない」――

千日尼の心には、寂しい思いがあったかもしれません。

そんな千日尼《せんにちあま》に対し大聖人《だいしょうにん》は、月が大地の池に姿を浮かべるように、雷門《らいもん》の鼓《つづみ》が瞬時に聞こえるように、「身は遠くにあっても、あなたの心は、私のそばにいるのですよ」と一切《いっさい》を包み込む万感《ばんかん》の励ましを送り、師弟の絆《きずな》に距離の遠さは関係ないことを示されます。

成仏《じょうぶつ》への道も同じです。大聖人《だいしょうにん》は、私たちが住む世界が苦悩に満ちたけがれた国土（穢土《えど》）であったとしても、心は霊山《りょうぜん》に住んでいるのであると述《の》べられ、いかなる環境や悩みの渦中《かちゅう》にあったとしても、信心の一念《いちねん》によって、瞬時に自身の胸中《きょうちゅう》に尊極《そんごく》な仏《ほとけ》の生命を涌現《ゆげん》することができると教えられています。

そして、「お顔を見たからといってどうなりましょう」と仰《おお》せです。師弟は、会えるか会えないかでは決まりません。「心こそ大切」です。「師匠のために」との真剣な「心」が、行動と現《あらわ》れるのです。心から師を求める弟子の信心――そこに一切《いっさい》の勝利の要諦《ようてい》があるのです。

池田大作先生の指導から

私は、いついかなる時も、どこにいても、常《つね》に戸田先生と対話《たいわ》しながら戦っています。

「不二《ふに》」は、自分の中にあるのです。不二の師弟《してい》は、距離《きょり》を超《こ》え、時間を超えます。「師弟の心」は、永遠に共戦《きょうせん》の歴史を綴《つづ》っていきます。（『希望の経典「御書」に学ぶ 1』）

生《しょう》死《じ》一《いち》大《だい》事《じ》血《けつ》脈《みゃく》抄《しょう》

（新一七七四ページ～一七七七ページ）
（全一三三六ページ～一三三八ページ）

“The Heritage of the Ultimate Law of Life”

「生死一大事血脈抄《しょうじいちだいじけつみゃくしょう》」は、この「生死」についての「根本《こんぽん》の重要事《じゅうようじ》」を教《おし》えられている御書です。それはまた、「仏法の真髄《しんずい》」であり、「宗教の根幹《こんかん》」でもあります。「一大事」という言葉が、そのことを示唆《しさ》されています。

（『生死一大事血脈抄講義』）

本抄について

文永《ぶんえい》九年（一二七二年）二月、流罪地《るざいち》の佐渡《さど》で著《あらわ》され、最蓮房《さいれんぼう》に与えられたとされています。最蓮房は、もとは天台宗《てんだいしゅう》の学僧《がくそう》でしたが、佐渡で日蓮大聖人《にちれんだいしょうにん》の法門《ほうもん》と人格に触れて、大聖人の弟子となりました。

最蓮房《さいれんぼう》からの手紙の中に、当時の天台宗《てんだいしゅう》で奥義《おうぎ》とされていた「生死一大事血脈《しょうじいちだいじけつみゃく》」についての質問があったと推察《すいさつ》され、本抄《ほんしょう》はそれに対する御返事です。

「生死一大事《しょうじいちだいじ》」とは、私たちの生命が生と死を繰り返す中にあって、迷いと苦悩の生死を転《てん》じて成仏《じょうぶつ》するための根本《こんぽん》の大事となる法を意味します。また「血脈《けつみゃく》」とは、師匠から弟子へ法門《ほうもん》が伝えられていくことです。

生死一大事《しょうじいちだいじ》の血脈《けつみゃく》とは南無妙法蓮華経のことであると結論を述《の》べられ、次《つ》いで、この妙法《みょうほう》を広《こう》宣流布《せんるふ》しゆく信心の血脈は、自身に尊極《そんごく》の仏性《ぶっしょう》が具《そな》わることを信じ、御本尊《ごほんぞん》から離れず、異体同《いたいどう》心《しん》で妙法を唱える中にあると教えられます。そして、大聖人《だいしょうにん》の弟子として生まれ合わせた宿縁《しゅくえん》の深さを述べられ、重ねて、強盛《ごうじょう》な信心を奮《ふる》い起こすよう激励されています。

久遠実成《くおんじつじょう》の釈尊《しゃくそん》と皆成仏道《かいじょうぶつどう》の法華経《ほけきょう》と我《われ》ら衆生《しゅじょう》との三つ全《まった》く差別《さべつ》無《な》しと解《さと》って妙法蓮華経と唱《とな》え奉《たてまつ》るところを、生死一大事《しょうじいちだいじ》の血脈《けつみゃく》とはいうなり。このこと、ただ日蓮《にちれん》が弟子檀那《でしだんな》等の肝要《かんよう》なり。法華経を持《たも》つとは、これなり。

（新一七七四ジペー・全一三三七ジペー）

久遠実成《くおんじつじょう》の釈尊《しゃくそん》と、万人《ばんにん》が成《じょう》仏《ぶつ》するための法である法華経《ほけきょう》と、私たち衆生《しゅじょう》の三つはまったく差別がないと理解し確信して、妙法蓮華経と唱えたてまつるところを「生死一大事《しょうじいちだいじ》の血《けつ》脈《みゃく》」というのです。このことは日蓮《にちれん》の弟子檀那《でしだんな》らにとっての肝《かん》要《よう》です。法華経を持《たも》つとは、このことをいうのです。

日蓮大聖人《にちれんだいしょうにん》は、生死《しょうじ》の苦悩を解決し、成仏《じょうぶつ》を果《は》たすための根本《こんぽん》の大事となる法は南無妙法蓮華経であると結論され、「久遠実成《くおんじつじょう》の釈尊《しゃくそん》」と「皆成仏道《かいじょうぶつどう》の法華経《ほけきょう》」と「我《われ》ら衆生《しゅじょう》」の三つに、〝まったく差別（違い）がない〟と仰《おお》せです。

「久遠実成《くおんじつじょう》の釈尊《しゃくそん》」とは、衆生《しゅじょう》の苦しみが絶《た》えない娑婆《しゃば》世界にあって、万人救済《ばんにんきゅうさい》のために永遠に戦い続ける仏《ほとけ》です。また、「皆成仏道《かいじょうぶつどう》の法華経《ほけきょう》」とは、すべての人の成仏《じょうぶつ》を可能にする唯一の法が法華経であることを意味しています。「妙法蓮華経」は、森羅万象《しんらばんしょう》の一切《いっさい》を貫《つらぬ》く根本法《こんぽんほう》です。仏界《ぶっかい》の生命を表《あらわ》す「仏」と、万人成仏の究極《きゅうきょく》の「法」と、私たち衆生《しゅじょう》の間にはまったく差別が無いのです。ゆえに、「全《まった》く差別無しと解《さと》って」――自分自身が「妙法蓮華経」の当体《とうたい》であると確信して、題目を唱えることが最も大切であり、「法華経を持《たも》つとは、これなり」と結論されています。法華経《ほけきょう》には、〝自分と等しい境地《きょうち》にすべての衆生《しゅじょう》を導《みちび》きたい〟との仏《ほとけ》の願いが説《と》かれています。師に連《つら》なり、自他共《じたとも》の幸福を願って広布《こうふ》に生き抜く中に、成仏《じょうぶつ》のための血脈《けつみゃく》が受け継《つ》がれるのです。どこまでも「信」を深め、仏法を体得しゆくために、不惜身命《ふしゃくしんみょう》の実践を重ねましょう。

池田大作先生の指導から

「解《さと》りて」とは単に頭《あたま》で分かるということではなく、「信解《しんげ》」すなわち「信に基《もと》づく理解」「心からの納得《なっとく》」でなければなりません。生命の奥底《おうてい》で深《ふか》く納得するためには、不惜身命《ふしゃくしんみょう》の実践《じっせん》が不《ふ》可欠《かけつ》です。決定《けつじょう》した信心で広宣流布《こうせんるふ》のために戦ってこられた学会員の方々《かたがた》には、その戦いの中に「信解」が脈打《みゃくう》っています。地涌《じゆ》の菩薩《ぼさつ》として、南無妙法蓮華経を弘《ひろ》める使命《しめい》に生き、悔《く》いなく戦い切っている姿《すがた》に、すでに「久遠実成《くおんじつじょう》の釈尊《しゃくそん》」「皆成仏道《かいじょうぶつどう》の法華経《ほけきょう》」と全《まった》く等《ひと》しい南無妙法蓮華経の仏界《ぶっかい》の大生命が涌現《ゆげん》しているのです。(『生死一大事血脈抄講義』)

総《そう》じて、日蓮《にちれん》が弟子《でし》檀那《だんな》等、自他《じた》・彼此《ひし》の心《こころ》なく、水魚《すいぎょ》の思《おも》いを成《な》して、異体同心《いたいどうしん》にして南無妙法蓮華経と唱《とな》え奉《たてまつ》るところを、生死一大事《しょうじいちだいじ》の血脈《けつみゃく》とは云《い》うなり。しかも、今《いま》、日蓮が弘通《ぐつう》するところの所詮《しょせん》これなり。もししからば、広宣流布《こうせんるふ》の大《だい》願《がん》も叶《かな》うべきものか。

（新一七七五ページ・全一三三七ページ）

総《そう》じて日蓮《にちれん》の弟子《でし》檀那《だんな》らが、「自分と他人」「あちらとこちら」と分け隔《へだ》てする心なく、水と魚のように一体の思いになって、異体同心《いたいどうしん》で南無妙法蓮華経と唱えていくことを「生死一大《しょうじいちだい》事《じ》の血脈《けつみゃく》」というのです。しかも今、日蓮が弘通《ぐつう》する肝要《かんよう》はこれなのです。もし、この通りになるなら、広宣流布《こうせんるふ》という大願《だいがん》も成就《じょうじゅ》するでしょう。

異体同心《いたいどうしん》で進む、師弟の精神が脈打《みゃくう》つ同志の団結こそ、広宣流布《こうせんるふ》の要《かなめ》である――日蓮大聖人《にちれんだいしょうにん》は、そう仰《おお》せです。

「自他《じた》・彼此《ひし》の心《こころ》なく」――自分と他人、あれとこれというように、対立や差別をしてしまう自己中心の心を打ち破《やぶ》り、自他共《じたとも》の幸福のために尽くすこと。「水魚《すいぎょ》の思《おも》いを成《な》して」――水と魚が切り離せないのと同じように、互いに尊敬し、仲良く励まし合うこと。「異体同心《いたいどうしん》にして」――個性や特質、立場が異なる一人一人が、広宣流布《こうせんるふ》という仏《ほとけ》の大願《だいがん》に向かって同じ心で前進すること。このように、大聖人《だいしょうにん》は、異体同心で南無妙法蓮華経と唱える一人一人の生命の中に、生《しょう》死一大事《じいちだいじ》の血脈《けつみゃく》が伝わると述《の》べられます。

そして、この異体同心《いたいどうしん》の姿こそ、大聖人《だいしょうにん》が弘《ひろ》める仏法の真髄《しんずい》であると述《の》べられ、どこまでも団結を固めることによって、広宣流布《こうせんるふ》という大願《だいがん》が叶《かな》っていくのであると仰《おお》せです。仲良く朗《ほが》らかに、尊敬と励ましに満ちた希望のスクラムを広げる。それが、私たち華陽姉妹の使命です。

池田大作先生の指導から

異体同心《いたいどうしん》の祈りがなければ、どんな策《さく》や方法論を立てても、広宣流布《こうせんるふ》は進まない。根本《こんぽん》の異体同心の強き祈りがあれば、そこには大きな勢《いきお》いが生まれ、かりに異体異心《いしん》の者《もの》が出たとしても、悠々《ゆうゆう》と吹《ふ》き飛《と》ばして前進していくことができます。そしてまた、「同心」とは、「広宣流布の大《だい》願《がん》」です。「広宣流布」は、万人《ばんにん》の成仏《じょうぶつ》を目指《めざ》す仏《ほとけ》の大願です。その「仏の大願」「師《し》の大願」を「我《わ》が誓願《せいがん》」として、勇《いさ》んで広宣流布の実践《じっせん》を起《お》こしていくのが「同心」です。

「広宣流布を願《ねが》う心から生まれる祈り」こそ、「同心」の真髄《しんずい》であるといえるのではないでしょうか。この祈りが脈打《みゃくう》っているのが創価学会の組織です。(『生死一大事血脈抄講義』)

日本国の一切衆生《いっさいしゅじょう》に法華経《ほけきょう》を信《しん》ぜしめて、仏《ほとけ》に成《な》る血脈《けつみゃく》を継《つ》がしめん

（新一七七六ジ゙ー・全一三三七ジ゙ー）

日蓮《にちれん》は、日本国の一切衆生《いっさいしゅじょう》に法華経《ほけきょう》を信じさせて、仏《ほとけ》に成《な》る血脈《けつみゃく》を継《つ》がせよう。

「一切衆生《いっさいしゅじょう》に法華経《ほけきょう》を信じさせて、仏《ほとけ》に成《な》る血脈《けつみゃく》を継《つ》がせたい」――ここには、日蓮大聖人《にちれんだいしょうにん》の御生涯を貫《つらぬ》く大慈悲《だいじひ》のお心が示されています。

それは、法華経《ほけきょう》に説《と》かれる万人成仏《ばんにんじょうぶつ》の願いであり、まさに、「仏《ほとけ》の大願《だいがん》」です。仏法の師弟における「師の心」とは、「広宣流布《こうせんるふ》の大願」にほかなりません。

また「血脈《けつみゃく》」とは、師匠から弟子へと法門《ほうもん》が受け継《つ》がれることを示した言葉です。

「法華経《ほけきょう》を信《しん》ぜしめて」とあるように、生死《しょうじ》の苦悩を乗り越えゆく成仏《じょうぶつ》の血脈《けつみゃく》は、妙法《みょうほう》を信じ抜く「信心」によって伝わります。つまり、仏法の血脈とは、本来、万人《ばんにん》に開かれたものであり、

「師弟不二」の実践によって、受け継《つ》がれるのです。

大聖人《だいしょうにん》は、すべての人の幸福のため、大難《だいなん》の嵐の中を命《いのち》懸《が》けで戦い抜かれました。この不惜身《ふしゃくしん》命《みょう》の御闘争《ごとうそう》によって、末法《まっぽう》の広宣流布《こうせんるふ》の道が開かれたのです。

現代にあって、この広宣流布《こうせんるふ》の大願《だいがん》を実現してきたのが創価三代の師弟です。

師の心と行動を受け継《つ》ぎ、広宣流布《こうせんるふ》の誓願《せいがん》を胸に、師弟不二の前進を開始していきましょう。

池田大作先生の指導から

法華経《ほけきょう》は、〝すべての人を成仏《じょうぶつ》させよう〟との「仏《ほとけ》の大願《だいがん》」が貫《つらぬ》かれている経典《きょうてん》です。そして、その誓願《せいがん》を受け継《つ》いだ人こそが、「真《しん》の菩薩《ぼさつ》」であり、「仏の真の弟子《でし》」であることが明かされています。（中略）
大聖人《だいしょうにん》のお心を拝察《はいさつ》するうえで、第一に重要《じゅうよう》な点は、仏法の血脈《けつみゃく》は「万人《ばんにん》に開《ひら》かれている」ということです。
この血脈の本義《ほんぎ》は、どれほど強調《きょうちょう》しても、強調しすぎることはないと言えるほど重要なことです。（『生死一大事血脈抄講義』）

過去《かこ》の宿縁《しゅくえん》追《お》い来《きた》って、今度日蓮《こんどにちれん》が弟子《でし》と成《な》り給《たも》うか。釈迦《しゃか》・多宝《たほう》こそ御存知候《ごぞんちそうろう》らめ。「在々諸《ざいざいしょ》仏土《ぶつど》、常与師倶生《じょうよししくしょう》（いたるところの諸仏の土に、常に師とともに生ず）」、よも虚事候《そらごとそうら》わじ。

（新一七七六ページ・全一三三八ページ）

あなたは、過去の宿縁《しゅくえん》に運ばれて、今度、日蓮《にちれん》の弟子となられたのでしょうか。釈迦仏《しゃかぶっ》・多《た》宝仏《ほうぶつ》こそ、ご存《ぞん》じであると思われます。「いたるところの諸仏《しょぶつ》の国土に、常に師とともに生まれる」（法華経化城喩品第七《ほけきょうけじょうゆほん》）との経文《きょうもん》は、決して嘘《うそ》ではありません。

日蓮大聖人《にちれんだいしょうにん》は、苦難《くなん》の中で、どこまでも師を求め抜く最蓮房《さいれんぼう》の求道《きゅうどう》の心を最大に讃《たた》え、「あなたは、過去の宿縁《しゅくえん》によって、今度、日蓮の弟子となられたのでしょうか」と、万感《ばんかん》の励ましを送られます。そして、「この縁《えにし》の深さは、仏《ほとけ》のみがご存《ぞん》じであると思われます」と述《の》べられ、法華経《ほけきょう》化城喩品《けじょうゆほん》第七の経文《きょうもん》を挙《あ》げて、法華経を持《たも》つ師弟の宿縁が、いかに深いかを教えられます。

この経文《きょうもん》は、釈尊《しゃくそん》と声聞《しょうもん》の弟子たちは、はるかな昔から釈尊を師匠として、さまざまな仏の国土に生まれては、共に菩薩《ぼさつ》の修行をしてきたことを表《あらわ》します。この説法《せっぽう》によって、声聞の弟子たちは自分自身が、はるかな昔から菩薩行《ぎょう》を重ねてきたことを思い出し、民衆救済《きゅうさい》の大いなる使命を自覚したのです。

大聖人《だいしょうにん》は、この経文《きょうもん》の通り、師弟の絆《きずな》が三世《さんぜ》の宿縁《しゅくえん》であることは間違いないと教えられています。過去世《かこせ》からの深い縁《えにし》によって、今、師弟となった。そして未来永遠に、共に戦い続けるのだ――広宣流布《こうせんるふ》の大願《だいがん》を貫《つらぬ》く人生を歩ませたいとの師匠の慈愛に、最蓮房《さいれんぼう》は、師弟共戦の誓いを、心に深く刻《きざ》んだことでしょう。

すべての人を幸福にするために戦い抜くという「広宣流布《こうせんるふ》の大願《だいがん》」が、自《みずか》らの本来の使命であることを思い起こさせてくれる師匠の存在ほど、ありがたいものはありません。師匠への報恩《ほうおん》感謝の心で、師弟共戦の人生を歩んでいきましょう。

池田大作先生の指導から

師弟《してい》は「三世《さんぜ》の宿縁《しゅくえん》」です。広宣流布《こうせんるふ》に真剣《しんけん》に戦えば、その深《ふか》いつながりを確《たし》かに感じとることができるのです。日蓮《にちれん》仏法の精髄《せいずい》である「戦う師弟の精神《せいしん》」を現代に蘇《よみがえ》らせたのが創価の初代・二代・三代の会長です。創価学会が出現《しゅつげん》しなければ、法華経《ほけきょう》、そして日蓮仏法の師弟の魂《たましい》は潰《つい》えていたと言っても決《けっ》して過言《かごん》ではありません。（『生死一大事血脈抄講義』）

相構《あいかま》えて相構えて、強盛《ごうじょう》の大信力《だいしんりき》を致《いた》して、南無妙法蓮華経臨終正念《りんじゅうしょうねん》と祈念《きねん》し給《たま》え。生死一大事《しょうじいちだいじ》の血脈《けつみゃく》、これより外《ほか》に全《まった》く求《もと》むることなかれ。煩悩即菩提《ぼんのうそくぼだい》・生死即涅槃《しょうじそくねはん》とは、これなり。信心の血脈なくんば、法華経《ほけきょう》を持《たも》つとも無益《むやく》なり。

（新一七七七㌻・全一三三八㌻）

よくよく心して強盛《ごうじょう》の大信力《だいしんりき》を起こして、南無妙法蓮華経、臨終正念《りんじゅうしょうねん》と祈念しなさい。「生《しょう》死《じ》一大事《いちだいじ》の血脈《けつみゃく》」をこれよりほかに決して求めてはなりません。煩悩即菩提《ぼんのうそくぼだい》・生死即涅槃《しょうじそくねはん》とは、このことです。信心の血脈がなければ、法華経《ほけきょう》を持《たも》っても無益《むやく》です。

「生死《しょうじ》」という、誰しも避《さ》けることのできない、人間の根源《こんげん》の苦悩を根本的《こんぽんてき》に解決し、一生成仏《いっしょうじょうぶつ》を可能とする「一大事《いちだいじ》」の法――それこそが「南無妙法蓮華経」です。

日蓮大聖人《にちれんだいしょうにん》は、本抄《ほんしょう》を結ばれるにあたり、強盛《ごうじょう》な信心を奮《ふる》い起こし、「南無妙法蓮華経臨終正念《りんじゅうしょうねん》」と祈り抜く中に、生死一大事《しょうじいちだいじ》の血脈《けつみゃく》があると示されます。臨終正念とは、臨終の時に心を乱《みだ》すことなく、成仏《じょうぶつ》を確信し、大満足の生涯を終えることです。これは、臨終の瞬間まで信心を貫《つらぬ》き、確信を深め続ける人生を歩んでこそ可能となります。そして、「煩悩即菩提《ぼんのうそくぼだい》・生死即涅槃《ねはん》」という即身《そくしん》成仏の法理を示され、本来、苦しみの原因となる煩悩や生死の苦悩を唱題によって、今、この身のまま、仏《ほとけ》の悟りの境涯《きょうがい》へと転換《てんかん》できることを教えられます。この希望の原理に照らせば、強盛に祈り広布《こうふ》のために行動する時、あらゆる苦悩は自身を輝《かがや》かせる宝となります。

大聖人《だいしょうにん》は、「信心の血脈《けつみゃく》がなければ、法華経《ほけきょう》を持《たも》っても無益《むやく》です」と結論されています。弟子が師匠の絶対の確信に触れ、同じ誓願《せいがん》に立って前進するところに信心の血脈があります。そして、弟子の不二の闘争《とうそう》によって、生死一大事《しょうじいちだいじ》の血脈を未来へと伝えることができるのです。

池田大作先生の指導から

私たち自身が、「強盛《ごうじょう》の大信力《だいしんりき》」を出《いだ》して「臨終正念《りんじゅうしょうねん》」と祈念《きねん》して唱題《しょうだい》することが、そのまま「煩悩即菩提《ぼんのうそくぼだい》・生死即涅槃《しょうじそくねはん》」であり、その境涯《きょうがい》を獲得《かくとく》することに仏法の真実《しんじつ》の利益《りやく》があるのです。

それは、何ものにも揺《ゆ》るがぬ確固《かっこ》たる「信力」と「唱題」によって、迷《まよ》いや苦悩《くのう》をバネにして価値創造《かちそうぞう》の智慧《ちえ》を磨《みが》き、安心《あんしん》と歓喜《かんき》の大境涯《だいきょうがい》を確立《かくりつ》していけるということです。

「煩悩即菩提・生死即涅槃」の境地《きょうち》とは、「即身成仏《そくしんじょうぶつ》」の異名《いみょう》であり、「変毒為薬《へんどくいやく》」の大功徳《だいくどく》でもあります。（『生死一大事血脈抄講義』）

諸《しょ》法《ほう》実《じっ》相《そう》抄《しょう》

（新一七八八ページ～一七九三ページ）
（全一三五八ページ～一三六二ページ）

“The True Aspect of All Phenomena”

「地涌《じゆ》」――ここにこそ、私たち「創価学会の使命《しめい》」の
出発点があります。（中略）
世界広布《こうふ》の新時代へ――
この時にあたり、私は皆様《みなさま》と
「諸法実相抄《しょほうじっそうしょう》」の一節《いっせつ》を共《とも》に拝《はい》し、
新たな広布開拓《かいたく》を
決意し合いたいと思います。
（『勝利の経典「御書」に学ぶ　17』）

本抄について

文永《ぶんえい》十年（一二七三年）五月、日蓮大聖人《にちれんだいしょうにん》が流罪地《るざいち》の佐渡《さど》において、最蓮房《さいれんぼう》に宛《あ》てて著《あらわ》されたお手紙です。

はじめに、法華経《ほけきょう》に説《と》かれる諸法実相《しょほうじっそう》について、十界《じっかい》の衆生《しゅじょう》とその住む世界（諸法）は、すべて妙法蓮華経（実相）の姿であると教えられています。この法華経の極理《ごくり》を流布《るふ》する人こそ上行《じょうぎょう》菩薩《ぼさつ》であると示され、それを大聖人《だいしょうにん》御自身が実践してきたと述《の》べられます。

そして、この大聖人《だいしょうにん》に連《つら》なる弟子こそ地涌《じゆ》の菩薩《ぼさつ》であり、大聖人お一人が唱えていた題目は、二人・三人・百人と、未来永遠に必ず伝わっていくと、〝地涌《じゆ》の義《ぎ》〟を確認されます。

最後に、行学《ぎょうがく》の二道《にどう》に励んで、一文一句《いちもんいっく》でも語り切っていくよう促《うなが》されています。

いかにも、今度《こんど》、信心をいた《致》して、法華経《ほけきょう》の行《ぎょう》者《じゃ》にてとお《通》り、日蓮《にちれん》が一門《いちもん》となりとおし給《たも》うべし。日蓮と同意《どうい》ならば地涌《じゆ》の菩薩《ぼさつ》たらんか。地涌の菩薩にさだ《定》まりなば、釈尊久遠《しゃくそんくおん》の弟子《でし》たること、あに疑《うたが》わんや。

（新一七九一㌻・全一三六〇㌻）

何としてもこのたびは、信心を貫《つらぬ》いて、法華経《ほけきょう》の行者《ぎょうじゃ》として生き抜き、日蓮《にちれん》の一門《いちもん》となり通していきなさい。日蓮と同じ心であるなら、地涌《じゆ》の菩薩《ぼさつ》でしょうか。地涌の菩薩であると定《さだ》まったなら、釈尊《しゃくそん》の久遠《くおん》の弟子であることは疑う余地がありません。

「わが弟子よ！　私と共に、法華経《ほけきょう》の行者《ぎょうじゃ》として広宣流布《こうせんるふ》に生き抜け！」――日蓮大聖人《にちれんだいしょうにん》は、佐渡流罪《さどるざい》という最大の苦難《くなん》の中、共に迫害《はくがい》に立ち向かう弟子に、地涌《じゆ》の使命を呼び覚ます渾身《こんしん》の励ましを送られています。「日蓮と同意」、つまり〝大聖人と同じ心〟に立つ者《もの》は、「地涌の菩薩《ぼさつ》」であり、「釈尊久遠《しゃくそんくおん》の弟子」であることは疑う余地がないと仰《おお》せです。

「地涌《じゆ》の菩薩《ぼさつ》」は、釈尊《しゃくそん》が末法《まっぽう》の広宣流布《こうせんるふ》を託《たく》すにあたって呼び出した無数の菩薩です。経文《きょうもん》には、「我《われ》は久遠《くおん》より来、これらの衆《しゅ》を教化《きょうけ》せり」（新一七九一ジペー・全一三六〇ジペー）と説《と》かれており、久遠の昔から釈尊が自《みずか》ら育ててきた弟子であると明かされています。つまり、地涌の菩薩とは、師匠と同じ広宣流布の誓いに立つ弟子であり、どんな時も師匠と共に戦い抜いてきた弟子です。

大聖人《だいしょうにん》は、地涌《じゆ》の菩薩《ぼさつ》について「能《よ》く能く心をきた《鍛》わせ給《たも》うにや」（新一六〇八ジペー・全一一八六ジペー）と仰《おお》せです。一番困難な末法《まっぽう》の広宣流布《こうせんるふ》を担《にな》い立つために、鍛《きた》え抜いた心をもって生まれ合わせた――それが「地涌の菩薩」なのです。

広宣流布《こうせんるふ》のために、師と共に戦う私たちは、皆が使命の天地に〝自《みずか》ら誓い願って〟生まれてきた地涌《じゆ》の菩薩《ぼさつ》であるとの確信を胸に、堂々《どうどう》と弟子の道を生き抜いていきましょう。

池田大作先生の指導から

「地涌《じゆ》の義《ぎ》」のままに躍《おど》り出てきたのが、創価の師弟《してい》である。

自分自身も、共に戦う同志も、真正《しんせい》の「地涌の菩薩《ぼさつ》」なのである。この深《ふか》き自覚《じかく》で一人立った我《われ》らが、勇気の声、誠実《せいじつ》の行動《こうどう》で、一対一の対話《たいわ》を広げていく時、広宣流布《こうせんるふ》の波動《はどう》が起《お》こらないはずはない。（「聖教新聞」二〇一三年五月二十四日付「随筆　我らの勝利の大道」）

末法《まっぽう》にして妙法蓮華経の五字を弘《ひろ》めん者《もの》は、男《なん》女《にょ》は嫌《きら》うべからず、皆《みな》地涌《じゆ》の菩薩《ぼさつ》の出現《しゅつげん》にあらずんば唱《とな》えがたき題目《だいもく》なり。

（新一七九一ジペー・全一三六〇ジペー）

末法《まっぽう》で妙法蓮華経の五字を弘《ひろ》める者《もの》には、男女の分け隔《へだ》てはありません。皆、地涌《じゆ》の菩薩《ぼさつ》として出現した人々でなければ、唱《とな》えることのできない題目なのです。

日蓮大聖人《にちれんだいしょうにん》は、広宣流布《こうせんるふ》の戦いにおいて、男女の差別はないと述《の》べられ、仏法を弘《ひろ》める人は、性別や立場など関係なく、誰もが最高に偉大な存在であると仰《おお》せです。

末法《まっぽう》という、人々の心が濁《にご》り乱《みだ》れた時にあって、妙法《みょうほう》を弘《ひろ》めることは、簡単なことではありません。あらゆる大難《だいなん》を覚悟の上で、人々の幸福のために戦う――それは、広宣流布《こうせんるふ》を自《みずか》ら誓願《せいがん》し仏《ほとけ》から託《たく》された「地涌《じゆ》の菩薩《ぼさつ》」にしかできない戦いです。

大聖人《だいしょうにん》は、地涌《じゆ》の菩薩《ぼさつ》でなければ唱えられない題目なのだと、広布《こうふ》に生き抜く尊《とうと》き使命と、師弟の宿縁《しゅくえん》の深さを示されています。

現代においては、日々、広布《こうふ》に走る創価学会員こそが地涌《じゆ》の誓願《せいがん》を果《は》たしゆく存在です。私たちが、その使命を自覚した時、自身の最高の力《ちから》を発揮《はっき》することができるのです。

新たな時代の門を開きゆく私たち池田華陽会は、「地涌《じゆ》の使命」を胸に、題目を唱え、友に仏法を語り、自他共《じたとも》の幸福の道を大きく開いていきましょう。

池田大作先生の指導から

友の幸福を願《ねが》い、広宣流布《こうせんるふ》を願って題目をあげていく。学会活動をし、折伏《しゃくぶく》に挑戦《ちょうせん》していく。それ自体《じたい》が、立派《りっぱ》な「誓願《せいがん》の祈《いの》り」であり、「誓願の実践《じっせん》」なのです。

地涌《じゆ》の菩薩《ぼさつ》は、法華経《ほけきょう》の涌出品《ゆじゅっぽん》で大地の底《そこ》から現《あらわ》れ、末法《まっぽう》における広宣流布を誓願した。私たちは、その誓願のままに創価学会員として生まれ、戦っているのです。

「いえ、そんなことを誓《ちか》った覚《おぼ》えはありません」と言うかもしれない（笑い）。でも仏法の眼《まなこ》から見れば、また生命の因果《いんが》から見れば、厳粛《げんしゅく》なる真実《しんじつ》なのです。


（『御書と青年』）

日蓮《にちれん》一人《いちにん》はじめは南無妙法蓮華経と唱《とな》えしが、二人《ににん》・三人・百人と次第《しだい》に唱えつたう《伝》るなり。未来もまたしかるべし。これ、あに地涌《じゆ》の義《ぎ》にあらずや。あまつさえ、広宣流布《こうせんるふ》の時は、日本一同《いちどう》に南無妙法蓮華経と唱えんことは、大地を的《まと》とするなるべし。ともかくも法華経《ほけきょう》に名《な》をたて《立》身《み》をまかせ《任》給《たも》うべし。

（新一七九一ページ・全一三六〇ページ）

初めは日蓮《にちれん》一人が南無妙法蓮華経と唱えましたが、二人、三人、百人と次第《しだい》に唱え伝えてきたのです。未来もまた同じです。これが地涌《じゆ》の義《ぎ》なのです。それればかりか、広宣流布《こうせんるふ》の時は、日本中が一同《いちどう》に南無妙法蓮華経と唱えることは、大地を的《まと》とするようなものです。

ともかくも、法華経《ほけきょう》によって名を立て、法華経に身を任《まか》せていきなさい。

日蓮大聖人《にちれんだいしょうにん》は、末法《まっぽう》において「南無妙法蓮華経」の題目を最初に唱えられ、あらゆる大難《だいなん》を覚悟の上で、ただお一人、民衆救済《きゅうさい》のために立ち上がられました。そして、大聖人の題目は、二人、三人、百人と唱え伝えられていったのです。すべての人を幸福にするとの大聖人の大願《だいがん》が、一人、また一人へと広がり、広布《こうふ》のために戦う〝地涌《じゆ》の陣列《じんれつ》〟が築かれたことを示されています。

この原理は永遠に変わりません。「未来もまたしかるべし」と仰《おお》せの通り、使命に目覚めた真剣な一人の戦いが、新たな一人を目覚めさせる。この地涌《じゆ》の使命への目覚めが広がることによって広宣流布《こうせんるふ》は成し遂《と》げられていく――大聖人《だいしょうにん》は、未来永遠に続く壮大な「地涌の義《ぎ》」を示されます。そして、日本中の人々が題目を唱える時が来ることは、「大地を的《まと》とするようなものです」と宣言され、〝広宣流布《こうせんるふ》は必ず実現する〟との大確信を明かされています。創価学会は、この大《だい》聖人《しょうにん》の御確信のままに、善《ぜん》の連帯を世界中に広げてきました。広布《こうふ》の大願《だいがん》に生き抜く以上の誉《ほま》れの人生はありません。私たちは偉大な師に続き、尊《とうと》き地涌《じゆ》の使命を果《は》たしていきましょう。

池田大作先生の指導から

先駆《せんく》の一人がいれば、「二人《ににん》・三人・百人と次第《しだい》に」広がっていくことは、もはや、世界の各地でわが同志が実証《じっしょう》してきた通りです。いずこの地にあっても、一粒種《ひとつぶだね》から広布《こうふ》が始まり、一人また一人と、地道《じみち》に粘《ねば》り強《づよ》い拡大によって、今日《こんにち》の大潮流《だいちょうりゅう》が築《きず》かれたのです。そして何よりも、このパイオニア（開拓者《かいたくしゃ》）の魂《たましい》は、青年たちに間違《まちが》いなく受《う》け継《つ》がれています。

今、世界の地涌《じゆ》の青年たちは、「お任《まか》せください。私たちの国の広宣流布《こうせんるふ》は、私たち青年部が実現していきます」と、意気軒昂《いきけんこう》に弘教《ぐきょう》の先陣《せんじん》を切っています。（『勝利の経典「御書」に学ぶ　17』）

現在の大難《だいなん》を思《おも》いつづ《続》くるにもなみだ《涙》、未来の成仏《じょうぶつ》を思って喜ぶにもなみだ《涙》せき《塞》あえ《敢》ず。鳥と虫とはなけ《鳴》どもなみだ《涙》おち《落》ず。日蓮《にちれん》はなか《泣》ねどもなみだひま《隙》なし。このなみだ世間《せけん》のことにはあらず。ただひとえに法華経《ほけきょう》の故《ゆえ》なり。もししからば甘露《かんろ》のなみだとも云《い》いつべし。

（新一七九二ページ・全一三六一ページ）

現在の大難《だいなん》を思い続けるにも涙があふれ、未来の成仏《じょうぶつ》を思って喜ぶにも涙が止まらないのです。鳥と虫とはないても涙を落とすことはありません。日蓮《にちれん》はなかないけれども涙がひまなく流れます。この涙は世間のことによる涙ではありません。ただひとえに法華経《ほけきょう》のゆえの涙です。もしそうであれば甘露《かんろ》の涙ともいえるでしょう。

嬉《うれ》しい時や悲しい時など、あふれる思いから、人は誰しも涙を流すことがあります。
日蓮大聖人《にちれんだいしょうにん》は、命にも及《およ》ぶ大難《だいなん》の中で、〝涙がとまらない〟とつづられています。大聖人の涙が意味するもの——それは、法華経《ほけきょう》を身読《しんどく》した無上《むじょう》の歓喜《かんき》です。万人救済《ばんにんきゅうさい》に戦う中で大難に遭《あ》うということは、「法華経の行者《ぎょうじゃ》」の証《あか》しであり、未来の成仏《じょうぶつ》も間違いないと述《の》べられています。

そして、大聖人は鳥や虫のようにはなかないけれども、涙がとまることはないと仰《おお》せです。

大聖人《だいしょうにん》の涙は、世間のことで流す涙ではありません。法華経《ほけきょう》を流布《るふ》して末法万年《まっぽうまんねん》の一切衆生《いっさいしゅじょう》を救おうとして流す慈悲《じひ》の涙です。大聖人は、「甘露《かんろ》の涙」と表現されています。「甘露」とは、理想的な世の中で天《てん》が降らせる甘い露《つゆ》です。大聖人の大慈悲は、万人に降り注《そそ》がれているのです。

「流人《るにん》なれども喜悦《きえつ》は《計》かりな《無》し」（新一七九二ページ・全一三六〇ページ）――これが、佐渡流罪中《さどるざいちゅう》の大聖人《だいしょうにん》の大境涯《だいきょうがい》です。この民衆救済《きゅうさい》の大慈悲《だいじひ》の境涯に連《つら》なる私たちの実践こそ勇気の心で目の前の友の幸福のために仏法を語る折伏《しゃくぶく》です。今こそ学会の信心の真髄《しんずい》を受け継《つ》ぐ一人へと成長していきましょう。

池田大作先生の指導から

大聖人御自身《だいしょうにんごじしん》、御本仏《ごほんぶつ》の身《み》であられながら、あえて、悪口罵詈《あっくめり》・猶多怨嫉《ゆたおんしつ》の大難《だいなん》を受け、三類《さんるい》の強敵《ごうてき》と戦われる御姿《おすがた》を示《しめ》された。戦いの中にこそ、喜《よろこ》びがあるのだ。（中略）私たちは、自分のことで悩むとともに、人のために悩む。広布《こうふ》のために悩む。悩みがあるから題目があげられる。悩みをバネとして、一番、幸福になる行動《こうどう》をしていく。その生命力《せいめいりょく》を湧《わ》き出《いだ》していくことができる――それが信心である。妙法《みょうほう》とは絶対《ぜったい》の常楽我浄《じょうらくがじょう》の大道《だいどう》なのである。（『華陽の誓い』）

行学《ぎょうがく》の二道《にどう》をはげ励み候《そうろう》べし。行学たえ絶なば仏法はあるべからず。我《われ》もいたし、人をも教化《きょうけ》候《そうら》え。行学は信心よりおこ起るべく候《そうろう》。力《ちから》あらば一文一句《いちもんいっく》なりともかたら語せ給《たも》うべし。

（新一七九三ジペー・全一三六一ジペー）

行学《ぎょうがく》の二道《にどう》を励んでいきなさい。行学が絶《た》えてしまえば仏法はなくなってしまいます。自分も実践し、人にも教え、勧《すす》めていきなさい。行学は信心から起こるのです。力があるならば、一文一句《いちもんいっく》であっても人に語っていきなさい。

日蓮大聖人《にちれんだいしょうにん》は、すべての人が自身に本来具《そな》わる仏界《ぶっかい》を涌現《ゆげん》させ、幸福境涯《きょうがい》を確立しゆくための明鏡《めいきょう》として、御本尊《ごほんぞん》を顕《あらわ》されました。この御本尊の偉大な功力《くりき》を引き出すために重要なのは、題目を唱える一人一人が、自身の「信」を強くしていくことです。

「信」を強くするために不可欠な実践として、大聖人《だいしょうにん》は、「行学《ぎょうがく》の二道《にどう》」に励むことを教えられています。「行《ぎょう》」とは、自《みずか》らが実践する勤行・唱題（自行《じぎょう》）と、友の幸福を願っての弘教《ぐきょう》や学会活動の実践（化他行《けたぎょう》）です。また「学」とは、教学の研鑽《けんさん》を通し、仏法の理解を深めることです。行学の二道の実践によって確信は深まり、自らの生命に仏界《ぶっかい》を涌現《ゆげん》することができるのです。

さらに、大聖人《だいしょうにん》は、行学《ぎょうがく》の実践がなければ仏法ではないと述《の》べられ、自分自身が唱えるのみならず、周りの人にも勧《すす》めていくよう仰《おお》せです。そして、行学への挑戦の心は深き信心から湧《わ》き上がると教えられ、勇気の信心で、一言《ひとこと》でも友に語っていくよう示されています。「力《ちから》あらば」とは、私たちの信心の姿勢から捉《とら》えれば、「力の限り」と拝《はい》していくべきです。この実践の中に、「すべての人を幸福に」という仏法の精神があり、幸福への確実な前進があるのです。

今日も祈ろう！　今日も語ろう！　そして、今日も御書を開こう！　その心で地道な挑戦を続けることによって、幸福の土台は築かれていくのです。

池田大作先生の指導から

一行《いちぎょう》でもよい、御書を拝《はい》することだ。一文一句《いちもんいっく》でもよい、仏法《ぶっぽう》を語《かた》ることだ。

「行《ぎょう》」を立て、「声」を発《はっ》し、「体《からだ》」を動かすことで、新しき生命が、大宇宙《だいうちゅう》の運行《うんこう》のリズムと合致《がっち》しながら、回転《かいてん》を始める。永遠の師《し》・大聖人《だいしょうにん》の仏法を広め、そして人生の師・戸田先生との誓《ちか》いを果《は》たすために、私は断固《だんこ》として「行学《ぎょうがく》の二道《にどう》」に励《はげ》んできた。いな、励んでいく決意は微《み》塵《じん》も変わらない。「行学の二道」を離れて、「師弟の光道《こうどう》」はないからだ。（『栄光への指針』）

上野殿後家尼御返事《うえのどののごけあまごへんじ》

（新一八三二ページ〜一八三五ページ）
（全一五〇四ページ〜一五〇六ページ）

“Hell Is the Land of Tranquil Light”

「一人の人」を、どこまでも激励《げきれい》し抜《ぬ》いていく。
最《もっと》も崇高《すうこう》な広宣流布《こうせんるふ》の使命《しめい》に、ともに立ち上がっていく——
これが、創価の師弟《してい》を貫《つらぬ》く根本精神《こんぽんせいしん》です。（中略）
大聖人《だいしょうにん》が生涯《しょうがい》貫かれた「真剣勝負《しんけんしょうぶ》の励《はげ》まし」の戦いを、（中略）
「上野殿後家尼御返事《うえのどののごけあまごへんじ》」を
拝《はい》して学《まな》んでいきましょう。

（『希望の経典「御書」に学ぶ　1』）

本抄について

日蓮大聖人《にちれんだいしょうにん》が駿河国《するがのくに》（静岡県中部）の門下《もんか》である上野殿後家尼御前《うえのどののごけあまごぜん》に送られたお手紙です。御《ご》執筆年《しっぴつねん》は、尼御前の夫・南条兵衛七郎《なんじょうひょうえしちろう》の逝去《せいきょ》の直後である文永二年（一二六五年）七月と考えられています。

上野郷《うえのごう》（静岡県富士宮市の一部）の武士であった夫を亡《な》くした当時、次男の時光《ときみつ》は七歳。身重《みおも》であった尼御前《あまごぜん》は、悲しみをこらえ、必死で家族を守り育てていました。

本抄《ほんしょう》で大聖人《だいしょうにん》は、「地獄即寂光《じごくそくじゃっこう》」「即身成仏《そくしんじょうぶつ》」などの甚深《じんしん》の法門《ほうもん》を通し、亡《な》き夫の成仏は間違いないことを教えられ、仏法を信じ抜けば、いかなる苦境《くきょう》も必ず幸福へ転《てん》じていけると激励されています。

そして、いよいよ信心の修行を重ね、心ゆくまで追善《ついぜん》の祈りを尽くしていきなさいと、真心の励ましを送られています。

い《生》きておわしき時は生《しょう》の仏《ほとけ》、今は死の仏、生《しょう》死《じ》ともに仏なり。即身成仏《そくしんじょうぶつ》と申《もう》す大事《だいじ》の法門《ほうもん》これなり。

（新一八三二ページ・全一五〇四ページ）

生きていらっしゃった時は、生の仏《ほとけ》。亡《な》くなられた今は、死の仏です。生死《しょうじ》ともに仏です。法華経《ほけきょう》にある即身成仏《そくしんじょうぶつ》という大事な法門《ほうもん》はこのことです。

日蓮大聖人《にちれんだいしょうにん》は、夫・南条兵衛七郎《なんじょうひょうえしちろう》を失った悲しみや、幼子《おさなご》を抱えながら生きていかねばならないという不安に押しつぶされそうな上野殿後家尼御前《うえのどののごけあまごぜん》の心に寄り添い、真心の励ましを送られています。

尼御前《あまごぜん》を法華経《ほけきょう》へと導《みちび》いた兵衛七郎《ひょうえしちろう》は仏《ほとけ》であると述《の》べられ、その身のままで一生のうちに仏の境涯《きょうがい》を築き上げる「即身成仏《そくしんじょうぶつ》」の法門《ほうもん》を教えられます。

現実世界の苦難《くなん》の中で、自身の生命に仏界《ぶっかい》を涌現《ゆげん》し、使命を果《は》たし抜く人は「生の仏《ほとけ》」です。

「生の仏」としての人生を生き切った人は、「死の仏」として仏界の生命のまま、次の広宣流布《こうせんるふ》の生へと向かっていくのです。

大聖人《だいしょうにん》は、「生《せい》も歓喜《かんき》、死も歓喜」の仏法の真髄《しんずい》を示され、いかなる苦難《くなん》にも微動《びどう》だにせず信心を貫《つらぬ》いた兵衛七郎《ひょうえしちろう》は、即身成仏《そくしんじょうぶつ》を果《は》たしたのであり、死しても仏《ほとけ》なのだと仰《おお》せです。

この重要な法門《ほうもん》を教えられ、〝今度は、今を生きる尼御前《あまごぜん》自身が揺《ゆ》るがぬ幸福境涯《きょうがい》を築いていく番ですよ！〟と、呼びかけられていると拝《はい》されます。尼御前《あまごぜん》はその後、度重《たびかさ》なる宿命《しゅくめい》の嵐にも屈《くっ》することなく、大聖人《だいしょうにん》の励ましを胸に勝利の人生を送りました。

大聖人《だいしょうにん》は、「我《わ》が心《こころ》本来の仏《ほとけ》なりと知るを、即《すなわ》ち『大歓喜《だいかんぎ》』と名《な》づく。いわゆる、南無妙法蓮華経は歓喜《かんき》の中の大歓喜なり」（新一〇九七㌻・全七八八㌻）と仰《おお》せです。歓喜の心で尊極《そんごく》の使命に生き抜いていきましょう。

池田大作先生の指導から

仏法《ぶっぽう》は、一生《いっしょう》のうちに成仏《じょうぶつ》を実現《じつげん》し、永遠《えいえん》に自在《じざい》にして希望に満《み》ちた生《せい》と死を続《つづ》けることを可能《のう》にする大法《だいほう》です。「生も歓喜《かんき》」であれば、「死も歓喜」となります。「死も歓喜」であれば、次の「生も歓喜」です。生死《しょうじ》ともに歓喜の連続《れんぞく》であり、自他《じた》ともの歓喜を現実《げんじつ》のものとする使命《しめい》に生きる生命の真髄《しんずい》を教《おし》えています。（『希望の経典「御書」に学ぶ　1』）

夫《そ》れ、浄土《じょうど》というも、地獄《じごく》というも、外《ほか》には候《そうら》わず。ただ我《われ》らがむね《胸》の間《あいだ》にあり。これをさとる《覚》を仏《ほとけ》という。これにまよう《迷》を凡夫《ぼんぷ》と云《い》う。これをさとる《覚》は法華経《ほけきょう》なり。もししからば、法華経をたもち《持》たてまつるもの《者》は、地獄即寂光《そくじゃっこう》とさとり《覚》候《そうろう》ぞ。

（新一八二一ページ・全一五〇四ページ）

浄土《じょうど》といい地獄《じごく》といっても、自分の外にあるのではありません。ただ私たちの胸中《きょうちゅう》にあるのです。これを覚《さと》るのを仏《ほとけ》といい、これに迷うのを凡夫《ぼんぷ》というのです。これを覚ることができるのが法華経《ほけきょう》です。もしそうであるならば、法華経を受持《じゅじ》している人は地獄即寂光《そくじゃっこう》と覚ることができるのです。

日蓮大聖人《にちれんだいしょうにん》は、宿命《しゅくめい》の嵐の中で健気《けなげ》に信心を貫《つらぬ》く上野殿後家尼御前《うえのどののごけあまごぜん》の悲しみも苦悩もすべて包み込まれ、〝だからこそ今いる場所で幸福になりゆけ〟と万感《ばんかん》の励ましを送られています。

仏《ほとけ》が住むとされる「浄土《じょうど》」も、苦しみに縛《しば》られた「地獄《じごく》」も、どこか遠い所にあるのではなく、自身の生命の中にある――一念《いちねん》の変化によって、現実世界は地獄にも浄土にもなると教えられています。そして、これを「覚《さと》る」のが「仏」、「迷う」のが「凡夫《ぼんぷ》」であると仰《おお》せです。つまり、自身の中にある尊極《そんごく》なる仏の生命に目覚めることが重要なのです。

この仏法の極理《ごくり》を明かされたのが「法華経《ほけきょう》」です。私たちは御本尊《ごほんぞん》に題目を唱えることによって、自身の生命に仏界《ぶっかい》を涌現《ゆげん》することができます。ゆえに、法華経を受持《じゅじ》する者《もの》、つまり、人聖《だいしょう》人《にん》の仏法を持《たも》ち、信心を貫《つらぬ》いて自他共《じたとも》の幸福のために戦い抜く人は、〝わが生命に仏界はある〟という大いなる希望を胸に生きることができるのです。たとえ地獄《じごく》のような宿命《しゅくめい》の渦中《かちゅう》にあったとしても、仏《ほとけ》の住む常寂光土《じょうじゃっこうど》に変えていける――それが「南無妙法蓮華経」の力用《りきゆう》です。

「今」「この場所」が、自身の無限の可能性を開き、使命を果《は》たす舞台であると確信し、前進していきましょう。

池田大作先生の指導から

浄土《じょうど》も地獄《じごく》も、自身の胸中《きょうちゅう》にある。他《ほか》のどこかにあると思うのは迷《まよ》いである――これが日蓮大《にちれんだい》聖人《しょうにん》の教《おし》えです。（中略）

今いるこの場所《ばしょ》を仏国土《ぶっこくど》にするための法華経《ほけきょう》です。また、仏国土にしていく挑戦《ちょうせん》が法華経の信心です。したがって、法華経の実践《じっせん》を貫《つらぬ》いた大聖人《だいしょうにん》の門下《もんか》が、地獄界《じごくかい》で苦《くる》しむわけがない。自在《じざい》の境涯《きょうがい》に生きぬいていけることは間違《まちが》いありません。（『希望の経典「御書」に学ぶ　1』）

法華経《ほけきょう》の法門《ほうもん》をきく《聞》につけてなおなお信心をはげむ《励》を、まこと《真》の道心者《どうしんじゃ》とは申《もう》すなり。天台云《てんだいい》わく「従藍而青《じゅうらんにしょう》（藍《あい》よりして、しかも青し）」云々《うんぬん》。この釈《しゃく》の心は、あい《藍》は葉のときよりも、なおそむれ《染》ばいよいよあお《青》し。法華経はあい《藍》のごとし、修行《しゅぎょう》のふかき《深》はいよいよあお《青》きがごとし。

（新一八三四ページ・全一五〇五ページ）

法華経《ほけきょう》の法門《ほうもん》を聞くにつけて、ますます信心に励むのを、まことの道心者《どうしんしゃ》というのです。天台大師《てんだいだいし》は「藍《あい》よりして、しかも青し」と言われています。この釈《しゃく》の意味は、藍は葉の時よりも、染《そ》めれば染めるほど、いよいよ青くなるということです。法華経は藍のようであり、修行が深いのは、藍が染めるにしたがって、ますます青くなるようなものです。

夫を亡《な》くし、幼子《おさなご》たちを必死に守り育てる上野殿後家尼御前《うえのどののごけあまごぜん》。この健気《けなげ》な女性門下《もんか》に、日蓮大聖人《にちれんだいしょうにん》は「従藍而青《じゅうらんにしょう》」との言葉を通し、苦難《くなん》を乗り越える上で最も大切なのは、真《しん》の信仰者として〝ますます〟信心に励み抜いていくことであると教えられています。

藍《あい》という植物は、青色の染料《せんりょう》として古くから使われてきました。藍染《ぞ》めは、何度も重ねて染《そ》めることによって、もとの葉の色より濃く、鮮《あざ》やかな青色になる特徴があります。

大聖人《だいしょうにん》は、法華経《ほけきょう》を「藍《あい》」に、仏道《ぶつどう》修行によって信心が深まることを、重ねて染《そ》めた「青色」に譬《たと》えられています。つまり、仏法を学び、現実の中で実践し、さらに信を深める――この積み重ねが大切なのです。仏法の偉大な法理も、言葉の上だけの理解や、観念《かんねん》だけになってしまっては、現実変革の方途《ほうと》とはなりません。実践を通し、生命に刻《きざ》むことで、一層《いっそう》、信を深めることができます。

私たちの生命を覆《おお》う無明《むみょう》を打ち破《やぶ》るのは、自分自身の仏性《ぶっしょう》を信じる「深き信」です。常に〝ますます〟〝いよいよ〟の決意で信心の実践をし続けることによって、自身の生命を仏界《ぶっかい》に染《そ》め上げていくことができるのです。

池田大作先生の指導から

大聖人《だいしょうにん》の仏法《ぶっぽう》では、法理《ほうり》を聞いて信心を深《ふか》め、ますます修行《しゅぎょう》に励《はげ》んでいけば、実際《じっさい》に仏界《ぶっかい》を現《あらわ》し、一生成仏《いっしょうじょうぶつ》を実現《じつげん》していくことができるのです。御書を学《まな》ぶ目的《もくてき》は、大聖人の御精神《ごせいしん》に触《ふ》れて、信心を深めるとともに、仏法の深理《じんり》に学んで我《わ》が内《うち》なる希望と平和を確信《かくしん》し、自行化他《じぎょうけた》の実《じっ》践《せん》に励んでいくことにあります。（『希望の経典「御書」に学ぶ　1』）

上野殿御返事《うえのどのごへんじ》

（竜門御書《りゅうもんごしょ》）

（新一八九四㌻～一八九五㌻）
（全一五六〇㌻～一五六一㌻）

“The Dragon Gate”

今、私が挑《いど》んでいる最大の仕事は、「広宣流布《こうせんるふ》の大願《だいがん》」に生きる喜《よろこ》びを、
永遠《えいえん》に、民衆《みんしゅう》の心に、なかんずく青年の心に打ち立て、
輝《かがや》かせていくことにほかならない。
一切《いっさい》は青年に託《たく》す以外《いがい》にないからです。（中略）
「上野殿御返事《うえのどのごへんじ》」（竜門御書《りゅうもんごしょ》）は、
「今度は君が広布《こうふ》大願を起《お》こすのだ！
我《わ》が弟子《でし》よ！」と、
青年に呼《よ》びかけられた御書です。

（『希望の経典「御書」に学ぶ　2』）

本抄について

弘安《こうあん》二年（一二七九年）十一月六日、駿河国《するがのくに》（静岡県中部）の日蓮大聖人門下《にちれんだいしょうにんもんか》の要《かなめ》として活躍していた南条時光《なんじょうときみつ》に送られたお手紙です。別名を「竜門《りゅうもん》御書」と言います。

時光《ときみつ》は、亡《な》き父の信心を受け継《つ》いで、幼いころから大聖人《だいしょうにん》を師匠と仰《あお》ぎ、日興上人《にっこうしょうにん》のもとで信心修行に励んできました。本抄《ほんしょう》をいただいたころには、駿河《するが》の若き青年リーダーへと成長していました。

当時、駿河《するが》一帯《いったい》では、日興上人《にっこうしょうにん》を中心に弘教《ぐきょう》が勢いよく進んでいました。それに危機感を抱いた滝泉寺《りゅうせんじ》の院主代《いんじゅだい》・行智《ぎょうち》らによる大聖人門下《だいしょうにんもんか》への迫害《はくがい》が激化。熱原《あつはら》の農民門下《もんか》二十人が無実の罪で捕らえられ、三人が斬首《ざんしゅ》されるなど非道な弾圧《だんあつ》を受けた「熱原の法難《ほうなん》」の渦中《かちゅう》にあって、時光《ときみつ》は同志を守るために命懸《いのちが》けで奔走《ほんそう》しました。

大聖人《だいしょうにん》は本抄《ほんしょう》で、竜門《りゅうもん》の滝を登り切った魚が竜となれるように、苦難《くなん》の中で信心を貫《つらぬ》けば、必ず仏《ほとけ》になれると示され、法華経《ほけきょう》のために身命《しんみょう》をなげうって、大願《だいがん》に生きるよう呼びかけられています。

願《ねが》わくは、我《わ》が弟子《でし》等、大願《だいがん》をおこ《起》せ。去年《こぞ》・去々年《おととし》のやくびょう《疫病》に死にし人々《ひとびと》のかず《数》にも入《い》らず、また当時、蒙古《もうこ》のせめ《責》にまぬか《免》るべしともみ《見》えず。とにかくに死は一定《いちじょう》なり。その時のなげき《歎》はとうじ《当時》のごとし。おなじく《同》は、かり《仮》にも法華経《ほけきょう》のゆえに命《いのち》をすて《捨》てよ。つゆ《露》を大海《たいかい》にあつらえ、ち《塵》りを大地にうずむ《埋》とおも《思》え。

（新一八九五㌻・全一五六一㌻）

願《ねが》わくは、わが弟子たちよ、大願《だいがん》を起こしなさい。（あなたたちは）昨年、一昨年に流行した疫病《えきびょう》で亡《な》くなった人々の数にも入りませんでした。また今、蒙古《もうこ》が攻めてきたら、死を免《まぬか》れることができるとも思えません。ともかくも死は避《さ》けることができません。その時の嘆《なげ》きは、現在の迫害《はくがい》で死ぬ嘆きと変わらないのです。同じく死ぬのであれば、かりにも法華経《ほけきょう》のために命を捨てなさい。それこそ露《つゆ》を大海《たいかい》に入れ、塵《ちり》を大地に埋《う》めるようなものであると思いなさい。

「わが弟子たちよ、大願《だいがん》を起こせ」——日蓮大聖人《にちれんだいしょうにん》は、大難《だいなん》に直面する弟子に対して、広布《こうふ》の大願に生き抜くことこそ真実の幸福であると、力強《ちからづよ》く訴《うった》えられています。「『大願』とは、法華弘通《ほっけぐつう》なり」（新一〇二七㌻・全七三六㌻）と仰《おお》せの通り、広宣流布《こうせんるふ》こそが仏《ほとけ》の願いであり、師の誓願《せいがん》です。

私たちも、この〝万人《ばんにん》の幸福の実現〟という師の大願に連《つら》なる時、無限の智慧《ちえ》と力が湧《わ》いてきます。御執筆《ごしっぴつ》当時、国中が災難《さいなん》に見舞《みま》われていました。疫病《えきびょう》で命を落とす人は数知れず、蒙古《もうこ》の襲来《しゅうらい》が起きたならば死は免《まぬか》れ難《がた》い。大聖人《だいしょうにん》は、同じく死を嘆《なげ》くのであれば「法華経《ほけきょう》のために命を捨てよ」と仰《おお》せです。私たちは、大宇宙から見れば「露《つゆ》」「塵《ちり》」のような小さな存在かもしれません。しかし、万人成仏《ばんにんじょうぶつ》という大願《だいがん》に生きる時、私たちの生命は、「大海《たいかい》」「大地」のような広大無辺《こうだいむへん》の慈悲《じひ》の生命と一体となります。永遠の仏界《ぶっかい》の生命の軌道《きどう》に入ることができるのです。

本抄《ほんしょう》の結びに、「皆《みな》共に仏道《ぶつどう》を成《じょう》ぜん」（新一八九五㌻・全一五六一㌻）との法華経化城喩品《ほけきょうけじょうゆほん》第七の経文《きょうもん》を引かれ、自他共《じたとも》の幸福を目指す生き方を重ねて確認されています。師弟不二の大願《だいがん》に生きる青春の喜びを実感しながら、自他共の幸福を開く対話に挑戦しましょう。

池田大作先生の指導から

自他《じた》ともに幸福を目指《めざ》す大願《だいがん》こそ、大乗仏教《だいじょうぶっきょう》の真髄《しんずい》です。大願とは、私たちの立場《たちば》で言えば、広宣流布《こうせんるふ》に生きることです。この「大《おお》いなる生き方」を教《おし》えるのが師匠《ししょう》です。そして、師と同じ「大いなる生き方」を歩《あゆ》んでこそ真《しん》の弟子《でし》です。（『希望の経典「御書」に学ぶ 2』）

法《ほっ》華《け》証《しょう》明《みょう》抄《しょう》

（新一九三〇ページ～一九三一ページ）

（全一五八六ページ～一五八七ページ）

“The Proof of the Lotus Sutra”

弟子《でし》が師《し》と不二《ふに》の道を貫《つらぬ》けば、打《う》ち破《やぶ》れない魔性《ましょう》などありません。

師弟《してい》が一体であれば、変毒為薬《へんどくいやく》できない病気などありません。

健康・長寿《ちょうじゅ》の要諦《ようてい》を示《しめ》す「師弟勝利の一書《いっしょ》」。

これが「法華証明抄《ほっけしょうみょうしょう》」です。

（『勝利の経典「御書」に学ぶ 6』）

本抄について

弘安《こうあん》五年（一二八二年）二月二十八日、駿河国《するがのくに》（静岡県中部）の南条時光《なんじょうときみつ》に宛《あ》てて送られました。「熱原《あつはら》の法難《ほうなん》」の中を、先頭に立って戦ってきた時光《ときみつ》は、心身《しんしん》の労苦が重なったせいか、病《やまい》に倒《たお》れ、重篤《じゅうとく》な状況にありました。その報告を聞かれた日蓮大聖人《にちれんだいしょうにん》は、御自身も病と闘《たたか》われる中で、弟子を励ますために本抄《ほんしょう》を認《したた》められたのです。

本抄《ほんしょう》では、冒頭に「法華経《ほけきょう》の行者日蓮《ぎょうじゃにちれん》」と認《したた》められ、花押《かおう》（サインの一種）を記《しる》されています。「法華経の行者」としてのお立場を鮮明《せんめい》にされることで、弟子への厳愛と、魔《ま》に打ち勝つ大確信を示されていると拝《はい》されます。

大聖人《だいしょうにん》は、末法《まっぽう》において法華経《ほけきょう》を信じる人は、過去世《かこせ》から仏法と宿縁《しゅくえん》が深く、成仏《じょうぶつ》は間違いないと教えられます。そして、時光《ときみつ》が大難《だいなん》に遭《あ》っても法華経を捨てなかったからこそ、成仏を妨《さまた》げる魔《ま》が競《きそ》い起こっているのであると述《の》べられます。最後に、時光を襲《おそ》う悪鬼神《あっきじん》（病魔）を厳しく叱責《しっせき》され、三障四魔《さんしょうしま》をはね返す御境涯《ごきょうがい》を示されています。

天台《てんだい》の御釈《おんしゃく》に云《い》わく「人の地に倒《たお》れて、還《かえ》って地より起《お》くるがごとし」等云々《うんぬん》。地にたおれ《倒》たる人は、かえりて地よりおく《起》。法華経謗法《ほけきょうほうぼう》の人は、三悪《さんあく》ならびに人天《にんてん》の地にはたおれ《倒》候《そうら》えども、かえりて法華経の御手《みて》にかかりて仏《ほとけ》になる《成》とことわら《判》れて候《そうろう》。

（新一九三一ページ・全一五八六ページ）

天台《てんだい》の『法華文句《ほっけもんぐ》』を解釈した妙楽《みょうらく》の注釈《ちゅうしゃく》には、「人が地に倒《たお》れて、また再び、その地より起《た》つのと同様である」と言っています。地面に倒れた人は、かえって、その地面から起《お》き上がるように、法華経《ほけきょう》への謗法《ほうぼう》を犯《おか》した人は、その罪によって地《じ》獄《ごく》・餓鬼《がき》・畜生《ちくしょう》の三悪道《さんあくどう》や人《にん》界《かい》・天界《てんかい》の大地に倒れるけれども、逆縁《ぎゃくえん》でかえって法華経の御《み》手《て》によって仏《ほとけ》になることができる、と明かされています。

日蓮大聖人《にちれんだいしょうにん》御自身も病《やまい》と闘《たたか》われる中、自《みずか》ら筆を執《と》り、愛弟子《まなでし》に〝絶対に病魔に負けてはならない〟との励ましを送られています。末法《まっぽう》という苦悩に満ちた世にあって、法華経《ほけきょう》に巡《めぐ》りあうことがどれほど幸福か——大聖人は、今がどういう状況であれ、妙法《みょうほう》を持《たも》つ人は、最後には絶対に勝利をつかむことができると教えられています。地に倒《たお》れた人は、必ず地を支えとして起き上がる。同じように、たとえ過去世《かこせ》の法華経誹謗《ひぼう》の宿業《しゅくごう》に苦しんだとしても、今世《こんぜ》で法華経を信じることによって、必ず乗り越えることができるのです。

大聖人《だいしょうにん》は、ただ乗り越えるというだけではなく、「仏《ほとけ》になる《成》」とも仰《おお》せです。法華経《ほけきょう》を誹謗《ひぼう》した逆縁《ぎゃくえん》の衆生《しゅじょう》を包み込み、成仏《じょうぶつ》させる――これが妙法《みょうほう》の「毒鼓《どっく》の縁《えん》」の力《ちから》です。万人《ばんにん》成仏を説《と》いた唯一の法である法華経の功徳《くどく》は、計り知れないほど絶大なのです。法華経への強盛《ごうじょう》な信心によって転換《てんかん》できない宿命《しゅくめい》はありません。今世《こんぜ》で信心を貫《つらぬ》くことで、未来永遠にわたる幸福の軌道《きどう》に乗ることができます。信心根本《こんぽん》に前進する中で、揺《ゆ》るぎない人生は築かれていくのです。

池田大作先生の指導から

福徳《ふくとく》があるゆえに、逆縁《ぎゃくえん》によって、今世《こんぜ》で法華経《ほけきょう》を信ずる人として生まれて、最後は法華経の力《ちから》によって成仏《じょうぶつ》することができると断言《だんげん》されています。（中略）

妙法《みょうほう》を持《たも》つ者《もの》には、どんな逆境《ぎゃっきょう》をもはね返す力《ちから》があります。法華経の題目に、転重軽受《てんじゅうきょうじゅ》・変毒《へんどく》為薬《いやく》の功力《くりき》があるからです。（『勝利の経典「御書」に学ぶ　6』）

鬼神《きじん》め《奴》らめ、この人をなや《悩》ますは、剣《つるぎ》をさか《逆》さまにのむ《呑》か、また大火をいだ《抱》くか、三世十方《さんぜじっぽう》の仏《ほとけ》の大怨敵《だいおんてき》となるか。あなかしこ、あなかしこ。この人のやまい《病》をたちまちになお《治》して、かえりてま《守》ぼりとなりて、鬼道《きどう》の大苦《だいく》をぬ《抜》くべきか。

（新一九三二㌻・全一五八七㌻）

鬼神《きじん》どもよ。この人（南条時《なんじょうとき》光《みつ》）を悩ますとは、剣《つるぎ》を逆《さか》さまにのむのか。自《みずか》ら、大火を抱くのか。三世十方《さんぜじっぽう》の仏《ほとけ》の大怨敵《だいおんてき》となるのか。まことに恐れるべきである。この人の病《やまい》をすぐに治して、反対に、この人の守りとなって餓鬼道《がきどう》の大苦《だいく》から免《まぬか》れるべきではないか。

「生老病死《しょうろうびょうし》」——それは誰しも避《さ》けて通ることのできない生命の実相《じっそう》です。しかし、妙法《みょうほう》を持《たも》つ私たちは、この生老病死の中で生《しょう》じる、いかなる苦悩や試練も宿命《しゅくめい》を打開するチャンスとしていくことができます。

日蓮大聖人《にちれんだいしょうにん》は、不惜身命《ふしゃくしんみょう》で戦う弟子・南条時光《なんじょうときみつ》の身をむしばむ病魔をたたき出すかの如《ごと》く、

「鬼神《きじん》めらめ」と烈々《れつれつ》たる気迫で叫ばれます。そして、「わが弟子を苦しめるとは、全宇宙の仏《ほとけ》を敵にまわそうというのか」と責《せ》め、直《ただ》ちに時光の病《やまい》を治して、法華経《ほけきょう》の行者《ぎょうじゃ》を守護するよう厳命されます。

若き門下《もんか》の命を奪《うば》おうとする鬼神《きじん》への厳《げん》たる呵責《かしゃく》——この師子吼《ししく》を通し、時光《ときみつ》に、どんな苦難《くなん》にも立ち向かう勇気、必ず勝つとの決定《けつじょう》した一念《いちねん》の大切さを教えられています。

大聖人《だいしょうにん》御自身も病《やまい》と闘《たたか》われる中、未来の一切《いっさい》を託《たく》す青年を、全生命を懸《か》けて守ろうとされる大《だい》慈悲《じひ》と、未来永遠の広宣流布《こうせんるふ》のため、弟子自身が大生命力で障魔《しょうま》を打ち破《やぶ》ることを願われる深き御期待が込められていると拝《はい》されます。

何ものをも恐れない「法華経《ほけきょう》の行者《ぎょうじゃ》」としての大聖人《だいしょうにん》の大確信に触れ、時光《ときみつ》は不屈《ふくつ》の信心を貫《つらぬ》き、見事に病《やまい》を克服《こくふく》します。そして、五十年も寿命《じゅみょう》を延ばし、広宣流布《こうせんるふ》に生涯を捧《ささ》げたのです。

〝師の如《ごと》く戦う〟との誓いに立った時、限りない力《ちから》を発揮《はっき》できる——これが仏法の師弟です。

池田大作先生の指導から

大事なことは、どんな壁《かべ》が立ちはだかっても、絶対《ぜったい》に変毒為薬《へんどくいやく》できるとの「確信《かくしん》」をもつことです。この「変毒為薬してみせるという大確信」こそ、病気をはじめ種々の困難をも打《う》ち破《やぶ》り、必《かなら》ず必《かなら》ず成仏《じょうぶつ》への道を広々《ひろびろ》と開いていく要諦《ようてい》なのです。（『勝利の経典「御書」に学ぶ　6』）

減《げん》劫《こう》御《ご》書《しょ》

（新一九六六ページ〜一九六九ページ）
（全一四六五ページ〜一四六七ページ）

“The Kalpa of Decrease”

万人《ばんにん》の幸福を実現《じつげん》するために戦い抜《ぬ》く究極《きゅうきょく》の人生、
これほど心躍《こころおど》る生き方があるでしょうか。
これ以上に生命が充実する生きがいはありません。
日蓮大聖人《にちれんだいしょうにん》の仏法の実践《じっせん》こそが、
「万人《ばんにん》の幸福への根本《こんぽん》の道」であることを
明らかになされたのが、（中略）
「減劫《げんこう》御書」です。
（『勝利の経典「御書」に学ぶ　7』）

本抄について

建治《けんじ》元年（一二七五年）末または建治二年（一二七六年）ごろ、日蓮大聖人《にちれんだいしょうにん》が身延《みのぶ》（山梨県南巨摩《みなみこま》郡《ぐん》）で認《したた》められた御消息《ごしょうそく》で、その内容から駿河国《するがのくに》（静岡県中部）の門下《もんか》・高橋六郎兵衛《ろくろうひょうえ》入道《にゅうどう》の没《ぼっ》後《ご》、その縁者《えんじゃ》に送られたものであると考えられています。

題号の「減劫《げんこう》」とは、人々の心のうちの貪瞋癡《とんじんち》（貪《むさぼ》り・瞋《いか》り・癡《おろ》か）の三毒《さんどく》が盛《さか》んになるにしたがって、人間の生命力が衰《おとろ》えていく時代のことです。

本抄《ほんしょう》では、誤《あやま》った仏教の法門《ほうもん》によって大悪《だいあく》が生《しょう》じていることを指摘され、世を治《おさ》めるには「智《ち》人《じん》」と「賢王《けんおう》」が、共に大悪《だいあく》を戒《いまし》めていかなければならないと仰《おお》せです。

そして仏《ほとけ》とは、善《ぜん》と悪の根源《こんげん》を悟《さと》るとともに、現実世界での善悪の現《あらわ》れを知り尽くした人であり、世法《せほう》から離れず、世を治《おさ》める法を心得ている人が真《しん》の「智者《ちしゃ》」であると明かされます。

さらに、大悪《だいあく》は大善《だいぜん》の起こる瑞相《ずいそう》であり、今こそ広宣流布《こうせんるふ》の時が到来しているとの大確信が示されています。

智者《ちしゃ》とは、世間《せけん》の法より外《ほか》に仏法を行《おこな》わず。世間の治世《ちせい》の法を能《よ》く能く心《こころ》得《え》て候《そうろう》を、智者とは申《もう》すなり。

（新一九六八ジペー・全一四六六ジペー）

智者《ちしゃ》とは、世間の法から離れて仏法を行《ぎょう》ずるのではありません。世間において、世を治《おさ》める法を十分に心得ている人を智者というのです。

仏法は、真《しん》に民衆の幸福と社会の繁栄《はんえい》を実現するものです。「世間の法から離れて仏法を行《ぎょう》ずるのではありません」と仰《おお》せの通り、現実社会を離れて仏法はありません。
仏法の智慧《ちえ》は、信心根本《こんぽん》に目の前の課題に立ち向かう時、最大限に発揮《はっき》されます。職場も、地域も、家庭も、私たちが今いる場所がそのまま仏道《ぶつどう》修行の場であり、仏法の偉大さを証明する舞台です。また、「世間において、世を治《おさ》める法を十分に心得ている人を智者《ちしゃ》というのです」と仰《おお》せです。智者とは仏法の智慧と慈悲《じひ》の力《ちから》で現実を変革し、人々と社会を正しく導《みちび》いていく人なのです。

日蓮大聖人《にちれんだいしょうにん》が身をもって実践された智者《ちしゃ》の生き方――現代にあって、まさにその通りの闘争《とうそう》を貫《つらぬ》いているのが創価三代の師弟です。

そして私たちがその師に連《つら》なり、人々の幸福のため、社会のために行動する中にこそ、仏法の英知、御本仏《ごほんぶつ》の魂《たましい》は脈動《みゃくどう》します。一人の友へ徹して励ましを送る。誠実な振《ふ》る舞《ま》いで地域、社会に尽くす。苦悩が渦巻《うずま》く現代にあって、創価の友の姿は〝仏法の智慧《ちえ》の光〟として輝《かがや》きを放《はな》っているのです。

私たちは、どこまでも信心根本《こんぽん》に、自《みずか》らの人間革命・宿命転換《しゅくめいてんかん》に挑《いど》みながら、友のため、社会のために、希望と励ましの輪《わ》を大きく広げていきましょう。

池田大作先生の指導から

生活上の事象《じしょう》一つ一つが、そのまま仏法《ぶっぽう》そのものです。仏法の智慧《ちえ》の光《ひかり》は、苦悩渦巻《くのううずま》く現実《げんじつ》の社会の闇《やみ》の中でこそ輝《かがや》き、希望となり、勇気となり、安心となります。（中略）

社会を離《はな》れて仏法はありません。仏法の慈悲《じひ》と智慧《ちえ》の力《ちから》で、社会に貢献《こうけん》し、社会を正しく導《みちび》いてこそ真《しん》の「智者《ちしゃ》」です。そして、仏法の英知が発揮《はっき》された社会は、必《かなら》ず栄《さか》えていくのです。

（『勝利の経典「御書」に学ぶ　7』）

大悪《だいあく》は大善《だいぜん》の来《きた》るべき瑞相《ずいそう》なり。一閻浮提《いちえんぶだい》うち《打》みだ《乱》すならば、「閻浮提内《えんぶだいない》、広令流布《こうりょうるふ》（閻浮提の内に、広く流布せしむ）」は、よも疑《うたが》い候《そうら》わじ。
（新一九六九ページ・全一四六七ページ）

大悪《だいあく》は大善《だいぜん》が来る前兆《ぜんちょう》です。一閻浮提《いちえんぶだい》（全世界）が打ち乱《みだ》れるならば、「閻浮提の内に広く流布《るふ》せしめる」との経文《きょうもん》通りになることは、よもや疑いありません。

日蓮大聖人《にちれんだいしょうにん》が本抄《ほんしょう》を執筆《しっぴつ》された当時、幕府《ばくふ》は蒙古《もうこ》再来への恐怖から、仏教の各宗派《かくしゅうは》に調伏《じょうぶく》の祈《き》禱《とう》を命《めい》じていました。

国中が不幸の闇《やみ》に覆《おお》われ、権力者が右往左往《うおうさおう》する中、大聖人《だいしょうにん》は、誤《あやま》った教えを用《もち》いることこそが、民衆の不幸の根本《こんぽん》原因であると示されます。

そして、「大悪《だいあく》は大善《だいぜん》の来《きた》るべき瑞相《ずいそう》なり」と述《の》べられ、最も深い混迷《こんめい》の闇《やみ》こそ、正法《しょうほう》の智慧《ちえ》の光に人々が目覚める前兆《ぜんちょう》であると教えられています。

ここには、〝大悪《だいあく》をも大善《だいぜん》に転換《てんかん》してみせる〟との深い御決意が込められていると拝《はい》されます。

そして、法華経《ほけきょう》の文《もん》を引いて、〝全世界が混乱する時代だからこそ、妙法《みょうほう》が広宣流布《こうせんるふ》することは間違いない〟と断言され、大聖人《だいしょうにん》の「太陽の仏法」が民衆救済《きゅうさい》の根本法《こんぽんほう》として、全世界に広宣流布しゆく時が到来したのであるとの大確信を示されています。

末法《まっぽう》という苦悩に満ちた時代を、幸福の方向へと転換《てんかん》していくために、大聖人《だいしょうにん》は広布《こうふ》の道を進まれました。命懸《いのちが》けの闘争《とうそう》があってこそ、広宣流布《こうせんるふ》は実現するのです。

わが地域に、そして世界に、幸福への道を照らし出す使命に生きるのが私たちです。

私たち華陽姉妹から世界広布《こうふ》の新風《しんぷう》を巻き起こしていきましょう。

池田大作先生の指導から

すべてが行き詰《づ》まった末法《まっぽう》の時代だからこそ、あらゆる旧弊《きゅうへい》を打《う》ち破《やぶ》って根本《こんぽん》から見直《みなお》し、根《こん》源《げん》から出発して変革しようと動き出せるのです。大変革だからこそ当然抵抗《ていこう》はあります。しかし、そこにこそ新たな道が開けるのです。(中略)

希望へ、幸福へ、安穏《あんのん》へ、平和へと、大悪《だいあく》を常に大善《だいぜん》の方向《ほうこう》へ転《てん》じていくのが、現実《げんじつ》変革の宗教の証《あかし》です。(『勝利の経典「御書」に学ぶ　7』)

異《い》体《たい》同《どう》心《しん》事《じ》

（新二〇五四ページ〜二〇五五ページ）
（全一四六三ページ〜一四六四ページ）

"Many in Body, One in Mind"

一切《いっさい》の勝利は、「異体同心《いたいどうしん》」の組織《そしき》を構築《こうちく》できるかどうかにある。（中略）
ともどもに、我《わ》が使命《しめい》の実現《じつげん》へ、そして、新しき勝利の峰《みね》へ、
仏法の最高の将軍学《しょうぐんがく》を学《まな》んでいきましょう。

（『希望の経典「御書」に学ぶ 3』）

本抄について

御述作年月《ごじゅっさく》や送られた人が明らかではありません。また、前半と後半は別の書であるともいわれています。

前半部、駿河国《するがのくに》（静岡県中部）の地で弘教《ぐきょう》に励まれていた日興上人《にっこうしょうにん》のお名前や、「あつわら《熱原》の者《もの》ども」の御心《おんこころ》ざし」とあることから、駿河の中心的な門下《もんか》に与えられたと推測されます。また、建《けん》治元年《じがんねん》（一二七五年）ごろの御執筆《ごしっぴつ》と推定されていますが、別の説《せつ》もあります。

建治元年《けんじがんねん》ごろとした場合、この当時、駿河《するが》の地では、日興上人《にっこうしょうにん》を中心に弘教《ぐきょう》が本格化していました。これを脅威《きょうい》に感じた勢力は日蓮大聖人《にちれんだいしょうにん》の門下《もんか》に迫害《はくがい》を加え、やがて「熱原《あつはら》の法難《ほうなん》」へと発展していきます。

大聖人《だいしょうにん》は、弾圧《だんあつ》が強まる状況を踏《ふ》まえ、この大難《だいなん》を乗り越えていく要諦《ようてい》として、「異体同心《いたいどうしん》」の団結を強調されたものと拝《はい》されます。

96

異体同心《いたいどうしん》なれば万事《ばんじ》を成《じょう》じ、同体異心《どうたいいしん》なれば諸《しょ》事《じ》叶《かな》うことなし

（新二〇五四ジペー・全一四六三ジペー）

「異体同心《いたいどうしん》」であれば万事《ばんじ》を成《な》し遂《と》げることができ、「同体《どうたい》異心《いしん》」であれば何事も叶《かな》うことはありません。

日蓮大聖人《にちれんだいしょうにん》は、いかなる大難《だいなん》が襲《おそ》いかかろうとも、門下《もんか》一人一人が信心を貫《つらぬ》き、魔《ま》に打ち勝つためには、「異体同心《いたいどうしん》」の団結が最も重要であることを教えられています。「異体《いたい》」という表現の中に、どこまでも〝一人〟を大切にする大聖人《だいしょうにん》の仏法の真髄《しんずい》が表《あらわ》されていると拝《はい》されます。人は、それぞれ性格が違い、立場や状況も異なります。この異なる特質を持った「異体」である一人一人が、同じ目的観や志《こころざし》を持ち、「同心《どうしん》」で前進することによって、そこに団結が生まれ、大きな力《ちから》が発揮《はっき》されるのです。

ゆえに、大聖人《だいしょうにん》は、「異体同心《いたいどうしん》」であれば、目的を成《な》し遂《と》げられると仰《おお》せです。

反対に「同体異心《どうたいいしん》」――たとえ、形が同じように見えたとしても、心がバラバラであれば、何も成《な》し遂《と》げることはできません。

広宣流布《こうせんるふ》の大願《だいがん》に、心一つに立ち上がる。最も尊《とうと》く、壮大な目的であるからこそ、一人一人の個性も最大に発揮《はっき》され、その力《ちから》は何倍にもなって現《あらわ》れます。

「異体同心《いたいどうしん》」とは、一切《いっさい》を勝利に導《みちび》く要諦《ようてい》なのです。

「信心の団結」を貫《つらぬ》いていけば、破《やぶ》れない壁《かべ》などありません。師の心をわが心として、希望と友情のスクラム固く前進していきましょう。

池田大作先生の指導から

我《わ》が一念《いちねん》を定《さだ》めることが、勝利への軌道《きどう》を確立することになります。

一切《いっさい》は、自分の一念の変革から始まります。「異体同心《いたいどうしん》」の団結《だんけつ》を築《きず》くことも同じです。〝自分は悪《わる》くない、他人《たにん》が悪い〟と言って、互《たが》いに責《せ》め合っていれば、永久《えいきゅう》に「異体異心《いしん》」のままです。

人間の集団《しゅうだん》である以上、さまざまな人間がいます。なかには、自身と性格的《せいかくてき》に折《お》り合《あ》いが付《つ》かない人がいるかもしれない。

だからこそ、自身の人間革命を根幹《こんかん》にしなければ、「異体同心」の絆《きずな》を作ることは不可能《ふかのう》です。

（『希望の経典「御書」に学ぶ 3』）

日本国の人々《ひとびと》は、多人《たにん》なれども、体同異心《たいどういしん》なれば、諸事成《しょじじょう》ぜんことかた《難》し。日蓮《にちれん》が一類《いちるい》は、異体《いたい》同心《どうしん》なれば、人々すくなく候《そうら》えども、大事《だいじ》を成《じょう》じて一定法華経《いちじょうほけきょう》ひろ《広》まりなんと覚《おぼ》え候《そうろう》。悪は多けれども、一善《いちぜん》にかつ《勝》ことなし。

（新二〇五四ページ・全一四六三ページ）

日本国の人々は、多人数であっても体同異心《たいどういしん》であるから、何事も成就《じょうじゅ》することは難しいのです。日蓮《にちれん》の一門《いちもん》は異体同心《いたいどうしん》であるから、人数は少ないけれども大事を成就して、必ず法華経《ほけきょう》は広まるであろうと思うのです。悪は多くても一善《いちぜん》に勝つことはないのです。

今、世界に広がる創価の大連帯——それはまさに「異体同心《いたいどうしん》」の勝利の姿です。一般的に、大事を成《な》し遂《と》げるのは、大きな組織や権力をもつ人々だと思われがちです。しかし、目的を達成するのに、人数の多少は関係ありません。

〝何のため〟――。この根本《こんぽん》の目的がどこにあるかによって、団結の強さも、勝利の結果も大きく異なってくるのです。

日蓮《にちれん》仏法の目的は広宣流布《こうせんるふ》です。「日蓮が一類《いちるい》」は、一人一人が〝万人《ばんにん》の幸福〟という最高の目的に向かって、同じ心で結ばれています。

この「同心《どうしん》」があるからこそ、さまざまな個性の「異体《いたい》」が、それぞれの使命の舞台で思う存分に力《ちから》を発揮《はっき》し、広宣流布《こうせんるふ》を大きく前進させることができるのです。

また、「悪は多けれども、一善《いちぜん》にかつ《勝》ことなし」と仰《おお》せです。団結といっても、自己の利害や欲望のためのものであれば、その本質は「異心《いしん》」であり、やがて分裂してしまいます。どこまでも「同心《どうしん》」である、善《ぜん》の団結が勝つことは間違いないのです。

師と共に、同志と共に、「信心の団結」で善《ぜん》の連帯を築き上げていきましょう。

池田大作先生の指導から

仏《ほとけ》の心であり遺命《ゆいめい》である「広宣流布《こうせんるふ》」を我《わ》が使命《しめい》として自覚《じかく》し、実践《じっせん》し抜《ぬ》いていく「師弟不二《していふに》の信心」にこそ、「同心《どうしん》」の核心《かくしん》があります。

師と同じ精神《せいしん》に立って、戦いに挑《いど》み、勝利することが「異体《いたい》同心」の根幹《こんかん》です。

（『希望の経典「御書」に学ぶ　3』）

日女御前御返事《にちにょごぜんごへんじ》

（御本尊相貌抄《ごほんぞんそうみょうしょう》）

（新二〇八六ページ～二〇八九ページ）
（全一二四三ページ～一二四五ページ）

"The Real Aspect of the Gohonzon"

「信心」こそ、一切《いっさい》の勝利の源《みなもと》です。（中略）
絶対《ぜったい》に失《うしな》ってはならない創価学会の根本《こんぽん》精神です。
ゆえに、新たな「青年学会」の拡大も、
強盛《ごうじょう》にして清新《せいしん》なる信心から始まります。（中略）
「日女御前御返事《にちにょごぜんごへんじ》」を拝《はい》して、
この「御本尊《ごほんぞん》根本の信心」の真髄《しんずい》を
共々《ともども》に学んでいきましょう。
（『勝利の経典「御書」に学ぶ　11』）

本抄について

建治《けんじ》三年（一二七七年）八月、身延《みのぶ》（山梨県南巨摩郡《みなみこまぐん》）で認《したた》められ、女性門下《もんか》の日女御前《にちにょごぜん》に送られたお手紙です。御本尊《ごほんぞん》の御姿等の深義《じんぎ》について明かされていることから、別名を「御本尊相貌抄《そうみょうしょう》」と言います。

日女御前《にちにょごぜん》について、詳細は不明ですが、いただいている御書の内容から推察《すいさつ》し、信心と教養の深い女性であったと考えられています。

日女御前《にちにょごぜん》は、日蓮大聖人《にちれんだいしょうにん》から御本尊《ごほんぞん》を賜《たまわ》ったことへの感謝を込めて、御供養《ごくよう》の品々をお届けしました。本抄《ほんしょう》は、その返信です。

御本尊《ごほんぞん》の甚深《じんしん》の意義を明かされた上で、御本尊への供養《くよう》の功徳《くどく》は計り知れないことを教えられます。そして、御本尊に対する信心こそが成仏《じょうぶつ》の要諦《ようてい》であることを示され、強盛《ごうじょう》な信心を貫《つらぬ》くよう促《うなが》されています。

ここに日蓮《にちれん》、いかなる不思議《ふしぎ》にてや候《そうろう》らん、竜《りゅう》樹《じゅ》・天親《てんじん》等、天台《てんだい》・妙楽《みょうらく》等だにも顕《あらわ》し給《たま》わざる大《だい》曼荼羅《まんだら》を、末法《まっぽう》二百余年《よねん》の比《ころ》、はじめて法華弘通《ほっけぐつう》のはたじるし《旗印》として顕し奉《たてまつ》るなり。

（新二〇八六ページ・全一二四三ページ）

ここに日蓮《にちれん》は、なんという不思議なことでしょうか、竜樹《りゅうじゅ》・天親《てんじん》ら、天台《てんだい》・妙楽《みょうらく》らでさえも顕《あらわ》されなかった大曼荼羅《だいまんだら》を、末法《まっ》《ぽう》に入って二百年余りが過ぎたころに、初めて法華弘通《ほっけぐつう》の旗印《はたじるし》として顕し申《もう》し上げたのです。

「いかなる不思議にてや候《そうろう》らん」と仰《おお》せの通り、日蓮大聖人《にちれんだいしょうにん》は釈尊滅後《しゃくそんめつご》の二千年の間、正法《しょうほう》時代の竜樹《りゅうじゅ》・天親《てんじん》、像法《ぞうほう》時代の天台《てんだい》・妙楽《みょうらく》など、正統な仏教の継承者《けいしょうしゃ》とされる人々でさえも顕《あらわ》すことがなかった御本尊《ごほんぞん》を、末法《まっぽう》において初めて顕されました。

大聖人《だいしょうにん》が、不惜身命《ふしゃくしんみょう》で戦い、御自身の生命に開かれた仏《ほとけ》の境涯《きょうがい》を、曼荼羅《まんだら》として顕《あらわ》されたのが御本尊《ごほんぞん》です。私たちは、この御本尊を拝《はい》して題目を唱え、大聖人の仏の境涯に縁《えん》することによって自身の生命に仏界《ぶっかい》を涌現《ゆげん》することができるのです。

大聖人《だいしょうにん》はこの御本尊《ごほんぞん》を「法華弘通《ほっけぐつう》のはたじるし《旗印》」とも宣言されています。

法華弘通《ほっけぐつう》――つまり、未来永遠に一切衆生《いっさいしゅじょう》の成仏《じょうぶつ》の道を開き、全世界に弘《ひろ》めゆく「広宣流布《こうせんるふ》の旗印《はたじるし》」です。まさに、いかなる困難があろうとも、大聖人《だいしょうにん》の一門《いちもん》が、全人類を平和と幸福へ導《みちび》くのだとの誓いに生き抜くために掲げられた「旗印」なのです。この大聖人の御精神を受け継《つ》いで、御本尊根本《こんぽん》に世界平和の実現へ戦い進むのが、私たち創価学会です。

さあ、世界広布《こうふ》の新時代！　私たちは、人間主義の旗を高らかに掲げながら、尊《とうと》き華陽の友と祈りを合わせ、希望の連帯を大きく広げていきましょう。

池田大作先生の指導から

一人でも多くの人が拝《はい》してその功徳《くどく》に浴《よく》し、また、一人でも多くの人に弘通《ぐつう》していくための御《ご》本尊《ほんぞん》です。まさに広宣流布《こうせんるふ》のための旗印《はたじるし》です。

私たちの実践《じっせん》では、一人また一人へと、人間革命の旗、宿命転換《しゅくめいてんかん》の旗を手渡《てわた》していくことです。あの地、この地に妙法《みょうほう》流布の法旗《ほうき》を打《う》ち立《た》ててこそ広宣流布です。その晴れやかな誇《ほこ》り高き「旗印」となる御本尊なのです。（『勝利の経典「御書」に学ぶ　11』）

この御本尊《ごほんぞん》全《まった》く余所《よそ》に求《もと》むることなかれ。ただ我《われ》ら衆生《しゅじょう》の法華経《ほけきょう》を持《たも》って南無妙法蓮華経と唱《とな》うる胸中《きょうちゅう》の肉団《にくだん》におわしますなり。これを九識心王《くしきしんのう》真如《しんにょ》の都《みやこ》とは申《もう》すなり。

（新二〇八八ジペー・全一二四四ジペー）

この御本尊《ごほんぞん》を決して別の所に求めてはなりません。ただ、私たち衆生《しゅじょう》が法華経《ほけきょう》を持《たも》って南無妙法蓮華経と唱える、その胸中《きょうちゅう》の肉団《にくだん》にいらっしゃるのです。これを「九識心王真如《くしきしんのうしんにょ》の都《みやこ》」というのです。

御本尊《ごほんぞん》は、万人《ばんにん》の幸福を実現するため、末法《まっぽう》にいたって初めて、日蓮大聖人《にちれんだいしょうにん》によって顕《あらわ》されました。私たち自身がもつ無限の可能性を発揮《はっき》し、幸福への道を開きゆくための御本尊です。

本抄《ほんしょう》が著《あらわ》された当時も、また現在も、自分を軽視する捉《とら》え方、たとえば――人間自身は小さな存在であり、〝偉大なる永遠の価値は自分の外にある〟という考え方は、根深く存在します。

大聖人《だいしょうにん》は、この固定観念を打ち破《やぶ》るかのように、〝この御本尊《ごほんぞん》は、他の場所に求めてはなりません。信心に励むあなた自身の胸中《きょうちゅう》にあるのですよ〟と、自身の本来の偉大さに目覚めていくよう呼びかけられています。仏《ほとけ》の生命は、自分自身の中にある――このことを信じて、御本尊に向かい題目を唱える衆生《しゅじょう》の胸中に、偉大な御本尊が顕《あらわ》れるのです。

ゆえに、私たちの生命こそ、「九識心王真如《くしきしんのうしんにょ》の都《みやこ》」――永遠に崩《くず》れることのない幸福の都なのであると教えられています。

この後に続く御文《ごもん》では、「この御本尊《ごほんぞん》も、ただ信心の二字に納《おさ》まっている」（新二〇八八ジペー・全一二四四ジペー、通解）と、どこまでも「信心」が大切であることを強調されます。法華経《ほけきょう》で「以信得入《いしんとくにゅう》（信を以《もっ》て入《い》ることを得たり）」と説《と》かれる通り、御本尊の偉大な功力《くりき》を開き現《あらわ》す鍵《かぎ》は、私たち自身の「信心」なのです。

「御本尊根本《ごほんぞんこんぽん》」の信心で、自分自身の胸中《きょうちゅう》に崩《くず》れることのない幸福の城を築いていきましょう。

池田大作先生の指導から

勇気も、智慧《ちえ》も、慈悲《じひ》も、希望も、確信《かくしん》も、忍耐《にんたい》も、幸福へと前進しゆく、すべての力《ちから》の源泉《げんせん》は、わが胸中《きょうちゅう》にある。

まさしく、創価の乙女《おとめ》の生命それ自体《じたい》が、尊極《そんごく》の「仏《ほとけ》の当体《とうたい》」なのである。（『華陽の誓い』）

南無妙法蓮華経とばかり唱《とな》えて仏《ほとけ》になるべき成
こと、もっとも大切なり。信心の厚薄《こうはく》によるべきなり。
仏法の根本《こんぽん》は信をもって源《みなもと》とす。
（新二〇八八ジペー・全一二四四ジペー）

ひたすら南無妙法蓮華経とだけ唱えて仏《ほとけ》に成《な》ることが最も大切です。それも信心の厚薄《こうはく》によるのです。
仏法の根本《こんぽん》は、信こそを源《みなもと》とするのです。

日蓮大聖人《にちれんだいしょうにん》は本抄《ほんしょう》で、御本尊《ごほんぞん》の甚深《じんしん》の意義と功徳《くどく》を示された上で、御本尊への強盛《ごうじょう》な信心を促《うなが》されています。

私たちが信心に励む目的は、〝仏《ほとけ》になる〟――自身が本来もっている仏の生命を開くことです。それは、自分自身の胸中《きょうちゅう》に、揺《ゆ》るがぬ幸福の境涯《きょうがい》を確立することといえます。

大聖人《だいしょうにん》は、私たちが御本尊《ごほんぞん》を信じ、「南無妙法蓮華経」の題目を唱えることによって、成仏《じょうぶつ》が可能になることを示され、その要諦《ようてい》を、「信心の厚薄《こうはく》による」と示されています。

どこまでも純粋に、御本尊《ごほんぞん》を信じる心が大切です。迷う心なく「御本尊しかない」と祈り抜く強き信心によって、いかなる苦難《くなん》にも絶対に負けない、生命の底力《そこぢから》を引き出すことができます。ゆえに、大聖人《だいしょうにん》は重ねて、仏法の根本《こんぽん》は「信」であると述《の》べられます。

迷いや悩みの連続の中にあって、自分自身が妙法《みょうほう》の当体《とうたい》であると実感することは容易《ようい》ではないかもしれません。だからこそ、大事なのは「信じる心」です。御本尊《ごほんぞん》を信じ、題目を唱える。師匠を信じ、仏法の実践に励む。その積み重ねの中で信心を深め、確信をつかむことができます。

〝すべてを題目で切り開こう！〟との強く深い祈りと、〝広宣流布《こうせんるふ》のために！〟との勇気の挑戦によって、御本尊《ごほんぞん》の広大無辺《こうだいむへん》の功徳《くどく》を、厳然《げんぜん》と現《あらわ》すことができるのです。

何があろうと「信」を貫《つらぬ》き、幸福の大道《だいどう》を歩んでいきましょう。

池田大作先生の指導から

信心とは、いかなる逆境《ぎゃっきょう》をも乗り越えていく師子王《ししおう》の如《ごと》くなる心です。

強盛《ごうじょう》な信心の人に、恐《おそ》れるものなど何もない。信心さえあれば、不撓不屈《ふとうふくつ》の信念《しんねん》がこみ上げてきます。信心の強さは、豊《ゆた》かな人生を約束します。正しい信心を貫《つらぬ》き通した時に、人生の幸福勝利が開けないわけがないのです。（中略）

「信心」こそ根本であり、「信」こそ源《みなもと》である。これが日蓮仏法の真髄《しんずい》です。

（『信仰の基本「信 行 学」』）

世界一の生命哲学を学ぶ（第2版）
池田華陽会 御書30編 要文100選

発行日　二〇二三年六月四日　第一刷

編　者　創価学会女性部

発行者　松岡　資

発行所　聖教新聞社
〒一六〇-八〇七〇　東京都新宿区信濃町七
電話〇三―三三五三―六一一一（代表）

印刷・製本　大日本印刷株式会社

*

落丁・乱丁本はお取り替えいたします

定価は表紙に表示してあります
ISBN978-4-412-01697-2